OFFICE 2016

Paso a Paso

Handz Valentin

ValentinBook

Office 2016 Paso a Paso (2da edición)

Publicado por

ValentinBook

www.valentinbook.com

Autor: Handz Valentin

Editorial: ValentinBook Publishing

Diseño y Diagramación: Johan Valley

Publicado por: ValentinBook

Diseño de cubierta: Johan Valley

ISBN: 978-1540448279

Para Aamir y Neil...

Sobre el Autor

Handz Valentin es un escritor internacional especializado en libros técnicos informáticos y un amante de la tecnología. Es autor de la serie Aprende y Domine, Para Perezosos y Paso a Paso, los más vendidos en español. Él es un apasionado de la tecnología, y sus textos son usados por diversas editoriales, universidades, sitios web y también otros autores.

Actualmente es el director de proyecto editorial en ValentinBook y cuenta con varias certificaciones internacionales.

En sus tiempos libres trabaja como actor, director y guionista; escribiendo comerciales, películas y videoclips.

Visite su canal en YouTube:

https://www.youtube.com/handsofthelp

Contenido

Capítulo 3: Técnicas Fundamentales y de Colaboración   61

Capítulo 6: Conociendo Excel 2016   149

Introducción

Bienvenidos a Office 2016 Paso a Paso. Este libro ha sido escrito con mucho esmero para que usted, estimado usuario, pueda sacar el máximo provecho a sus aplicaciones de la suite de Office 2016.

Desde ya, este libro es un ***paso a paso*** de las acciones que puede realizar en sus aplicaciones, enfocándonos en Word, Excel, PowerPoint y Access. Al empezar a usar este libro, encontrará cuatro elementos de mucho valor que lo ayudarán en su aprendizaje de estas aplicaciones:

- **Conceptos breves y concisos:** ¡Al grano! Las explicaciones son resumidas para entender el concepto general de los temas o de alguna herramienta.

- **Paso a Paso:** Te enseña los pasos que debes seguir para utilizar determinada herramienta y obtener un resultado.

- **Ejercicios Paso a Paso:** Los ejercicios paso a paso lo guiarán a través de situaciones que permitirán el aprendizaje más profundo de un determinado tema o herramienta.

- **Hazlo tú mismo:** Ponga a prueba su aprendizaje y resuelva usted mismo una serie de situaciones prácticas.

¿Quién debería leer este libro?

Este libro contiene temas y muchos ejercicios que lo ayudarán a ser productivo en el trabajo, en los estudios, o en la vida personal usando estas aplicaciones de oficina. Quienes deberían leer este libro son:

- **Usuarios nuevos** de Office que deseen aprender a utilizar las herramientas más productivas de esta suite.

- **Usuarios experimentados** que deseen dar un vistazo a algunas novedades de Office 2016

- **Docentes** que deseen incrementar sus habilidades en esta suite para el uso de las TIC en el aula.

- **Estudiantes** que quieran utilizar las aplicaciones para mejorar sus presentaciones en clase.

- **Profesionales** que quieran aumentar su productividad en el entorno laboral.

- Usuarios que deseen obtener la **Certificación IC³**. Este libro cumple con los temas estándar para rendir el examen **Key Application (Aplicaciones Clave)**

Cómo se organiza este libro

Este libro se organiza en nueve importantes capítulos que lo ayudarán a aprender las diversas técnicas para crear documentos profesionales:

Capítulo 1: Conocer Office 2016. Este primer capítulo le ayudará a conocer cómo funciona y cómo son las aplicaciones de Office 2016.

Capítulo 2: Administrar sus archivos. En este capítulo conocerá las técnicas necesarias para crear, abrir y guardar sus documentos de Office 2016.

Capítulo 3: Conocer técnicas fundamentales y de colaboración. Aquí podrá conocer técnicas fundamentales, como deshacer o rehacer una acción, aplicar un zoom u organizar ventanas. Además, aprenderá a compartir sus documentos con otros usuarios e imprimir.

Capítulo 4: Conociendo Word 2016. Podrá dar un vistazo a las técnicas básicas para la creación de documentos, como aplicar formato de fuente y párrafo, trabajar con listas y aplicar estilos.

Capítulo 5: Estructurar documentos. Desde este capítulo podrá hacer uso de la inserción de imágenes, tablas, encabezados y pies de página y modificar el aspecto del documento.

Capítulo 6: Conociendo Excel. Aquí podrá dar un vistazo a las herramientas fundamentales de Excel 2016. Podrá insertar datos, aplicar formatos y trabajar con funciones básicas.

Capítulo 7: Trabajar con Datos en Excel. Este capítulo continúa con el uso de algunas funciones que permiten obtener resultados informativos como la función *Si, BuscarV* y *BuscarH*. Además, podrá aplicar validaciones de datos, creará listas e insertará gráficos estadísticos.

Capítulo 8: Trabajar con PowerPoint. Podrá aprender a utilizar rápidamente este programa de presentaciones. Aprenderá a aplicar formato, insertar objetos multimedia y animaciones.

Capítulo 9: Trabajar con Access. Este último capítulo le ayudará a comprender esta aplicación de base de datos. Conocerá su forma de navegación, añadirá datos a tablas, creará consultas, formularios e informes.

Archivos de Prácticas

Antes de completar los ejercicios en este libro, necesita descargar los archivos de práctica y copiarlos en su equipo. Estos archivos de práctica pueden ser descargados desde el enlace proporcionado al final del libro.

> *Las aplicaciones de Office no están disponibles como parte de los archivos de práctica. Deberá comprarlo o adquirir una suscripción a Office 365.*

Cómo usar los archivos de prácticas

Una vez descargado el archivo ZIP, siga estos pasos:

1. Descomprima los archivos.

2. Copie o mueva la carpeta **OfficeData** a la unidad **C:**.

3. Cuando el ejercicio se lo exija, deberá ingresar a la carpeta **OfficeData** y luego a la carpeta del capítulo que corresponda. Por ejemplo, en algún ejercicio, posiblemente se le pedirá ingresar a **C: | OfficeData | Capítulo 4**.

Formato eBook

Además de tener la versión impresa de este libro, puede adquirir una versión en eBook con un 70% de descuento a través de nuestros distribuidores.

Ahora, todos nuestros ebooks llegan con tres formatos:

- **Formato ePub y Mobi:** El texto se adapta a todos los dispositivos portátiles. El formato Mobi está adaptado para dispositivos y aplicaciones Kindle.

- **Formato PDF:** El libro es una copia idéntica de la versión impresa.

Para obtener los tres formatos, deberá registrar su libro en nuestro sitio web. Véase Cómo registrar su libro en ValentinBook.

Oferta especial para instituciones educativas

Los libros de ValentinBook están disponibles para escuelas, institutos superiores y universidades a un precio especial de licenciamiento por volumen.

1. Envíe un mensaje de correo electrónico a: **contacto@valentinbook.com** con su consulta o pedido.

2. Se le reenviará un mensaje de correo electrónico confirmando su solicitud y los pasos necesarios para la compra.

Beneficios de comprar un libro en ValentinBook

Al adquirir este libro en formato impreso o eBook, ya forma parte del programa **Actualización Constante**. Con este programa podrá obtener actualizaciones del libro gratuitamente. Las razones para que este libro se actualice cada cierto tiempo son:

- Nuevas características de Office 2016 por parte de las actualizaciones de Microsoft.

- Comentarios y peticiones por parte de los usuarios quienes compraron el libro. Pueden dejar sus comentarios, revisiones y peticiones a través de los diversos sitios web de los distribuidores, o directamente a nuestro sitio web o Facebook. Visite nuestro Facebook en:

  https://www.facebook.com/valentinbook

- Revisiones y erratas.

- Temas que el autor cree conveniente de actualizar o añadir al libro.

> *Para obtener las actualizaciones constantes gratuitamente y otros beneficios, registre su libro en nuestro sitio web.*

Cómo registrar su libro en ValentinBook

Para beneficiarse con el programa **Actualización Constante**, registre su libro en nuestra web siguiendo estos pasos:

1. Ingrese a www.valentinbook.com.

2. Clic en el enlace **Register your book**.

3. Rellene los campos en el formulario:

   - **Name & Last Name:** Nombres y apellidos.

   - **Email address:** Dirección de correo electrónico.

   - **ISBN:** Código ISBN que se encuentra en el código de barras del libro o en la página *Descargar archivos de práctica* si es un ebook.

4. Clic en el botón **Enviar**.

Capítulo 1: Conocer Office 2016

En este capítulo aprenderá a:

- Iniciar las aplicaciones de Office 2016

- Familiarizarse con la interfaz de usuario

- Iniciar sesión en sus aplicaciones

- Personalizar Office

No se necesitan archivos de práctica para este capítulo.

Hoy, los nuevos dispositivos tecnológicos hacen que nuestra vida sea más fácil y divertida. No hay persona en las calles que no esté a la moda con alguno de estos dispositivos: un Smartphone, una Tablet o un Smartwatch. Acceder a los contactos de forma rápida, leer un libro digital, conectarse a sus redes sociales, seguir una rutina de ejercicios de la última aplicación descargada, son cosas que podemos hacer casi intuitivamente. Sin embargo, pese a toda esta diversión, siempre tendremos que escribir un documento (Word), realizar cálculos (Excel) o diseñar presentaciones (PowerPoint).

Este capítulo lo llevará a conocer qué es y cómo trabaja esta suite de aplicaciones conocida como Office, se familiarizará con la interfaz de los programas, y personalizará algunos elementos de la ventana.

Office 2016 y Office 365

Office esencialmente son cuatro programas: Word, Excel, PowerPoint, y Outlook. Además, están Access, OneNote y Publisher como parte de la suite completa. Para que pueda usar estos programas en toda su dimensión, deberá instalarlo en su equipo. Para hacerlo, solo tiene dos alternativas: comprarlo o tener una suscripción.

Si planea comprar Office 2016, debe saber que quizá tenga que romper su alcancía. El precio oscila entre 279.00 € y 539.00 €. Aunque suene muy caro, no se desanime ni devuelva este libro, aún tiene otra alternativa. La otra alternativa es tener una suscripción a Office 365. Esto le permite a usted, y por qué negarlo, a mí también, a usar los programas de Office sin tener que desembolsar tanto dinero.

> *En este libro se utiliza Office 2016 para PC. No se incluye información sobre Office 2016 para MAC o las versiones para dispositivos móviles.*

Cómo funciona Office 365

¿Ha oído a las personas hablar de "la nube"? es un término muy usado últimamente, pero quizá no llega a ser entendible del todo. Lo que se conoce correctamente como "computación en la nube", es la capacidad de acceder a sus archivos y aplicaciones online a través de diversos dispositivos; su pc, teléfono o tablet, todos ellos sincronizados. Sin darse cuenta, es posible que ya esté en la onda de la computación en la nube. Por varios años, Microsoft ha ofrecido servicios gratuitos para usted:

- Si tiene una cuenta de correo electrónico Outlook.com, o el antiguo Hotmail.com, ya cuenta con un servicio gratuito basado en nube. OneDrive -antes llamado SkyDrive- es un espacio de almacenamiento en nube que permite guardar todo tipo de archivos, en especial los de Office.

- Si necesita usar Word, Excel o PowerPoint y estos no están instalados en el equipo, puede usar la versión Web Apps. Donde Word, Excel, PowerPoint -y OneNote-, funcionan a través de su navegador web.

Así, puede ser fácil editar sus documentos desde cualquier dispositivo con conexión a internet.

Office 365 es la versión basado en nube de Office 2016 que puede adquirirse a través de una suscripción. Con una suscripción a Office 365 podrá:

- Instalar Office 2016 hasta en cinco equipos, con la gran ventaja de, si se agregan nuevas funciones en Office 2016, serán actualizadas e instaladas automáticamente en el equipo.

- Tener 1TB en OneDrive para guardar sus documentos de Office o cualquier otro archivo. Además, con OneDrive, podrá colaborar en tiempo real con otros usuarios en un solo documento.

- Tener hasta sesenta minutos en Skype para que pueda realizar todo tipo de llamadas a cualquier usuario.

> *Si desea conocer más sobre los planes y tarifas de Office 365, puede entrar al siguiente enlace: https://goo.gl/UEpU35*

Iniciar una aplicación de Office 2016

Office 2016 puede ser instalado en cualquiera de los tres últimos sistemas operativos de Microsoft: Windows 10, Windows 8 y Windows 7. Cuando termina la instalación de Office 2016 se crean accesos directos que permiten abrir las aplicaciones de la suite de forma más fácil. Estos accesos directos se encuentran en el menú Inicio (Windows 10 y Windows 7) o en la pantalla Inicio (Windows 8).

Abrir cualquiera de las aplicaciones suele ser algo diferente en las tres versiones de Windows:

Abrir sus aplicaciones con Windows 10

1. Clic en el botón **Inicio**.

2. Si es necesario, clic en **Todas las aplicaciones**.

   En la actualización *Windows 10 Anniversary Update*, se ha quitado la opción **Todas las aplicaciones**.

3. Navegue alfabéticamente hasta llegar a la letra adecuada para su aplicación. Si quiere abrir Excel, debe dirigirse a la **E**. Si quiere abrir PowerPoint, debe dirigirse a la **P.**

4. Clic en el icono de la aplicación.

Figura 1. 1. Menú Inicio en Windows 10

Abrir sus aplicaciones con Windows 8

1. Active su pantalla **Inicio**.

   Puede pulsar la tecla Windows para tal propósito.

2. Navegue a través de los mosaicos de la pantalla Inicio hasta encontrar el grupo de aplicaciones **Microsoft Office 2016**.

3. Clic en el mosaico de la aplicación que quiera abrir.

Abrir sus aplicaciones con Windows 7

1. Clic en el botón **Inicio**.

2. Clic en **Todos los programas**.

3. Clic en **Microsoft Office 2016**.

4. Clic en la aplicación que quiera abrir.

Abrir aplicaciones usando un ejecutable

Los ejecutables son archivos que se utilizan para iniciar una aplicación. Las aplicaciones de Office tienen sus propios ejecutables, es más, cuando abre una aplicación desde el **Inicio** o **menú Inicio**, lo que está haciendo es activar ese ejecutable a través de un acceso directo.

Para abrir una aplicación de Office a través de su propio ejecutable

1. Abrir el cuadro de diálogo **Ejecutar** realizando alguna de estas acciones:

   - Clic derecho sobre el botón **Inicio** y seleccione **Ejecutar**.

   - Pulse **Windows + R**.

2. Dentro del campo **Abrir**, escriba el ejecutable de su aplicación. Por ejemplo, **WINWORD** para abrir Word.

Figura 1. 2. Cuadro de diálogo Ejecutar.

Puede escribir el nombre del ejecutable en mayúscula o minúscula.

3. Clic en **Aceptar**, o pulse *Enter*. Al hacerlo, la aplicación se abre.

La siguiente lista muestra el nombre de los ejecutables de las aplicaciones de Office:

- **Word 2016:** winword

- **Excel 2016:** excel

- **PowerPoint 2016:** powerpnt

- **Access 2016:** msaccess

- **Publisher 2016:** mspub

Conocer la interfaz de Office 2016

Desde la versión de Office 2010, todas las aplicaciones de la suite presentan la misma estructura y diseño en todas sus ventanas. Esto significa que podrá sentirse cómodo trabajando con cualquier aplicación de Office. Por ejemplo, todas ellas cuentan con la cinta de opciones, con una pantalla Inicio, y con una barra de herramientas de acceso rápido.

> *Outlook es la única aplicación ligeramente diferente.*

Cuando abre cualquier aplicación de Office -a excepción de Outlook- siempre se mostrará primero la pantalla de inicio tal como lo muestra la Figura 1. 3. Desde esta pantalla podrá crear un nuevo documento, elegir una plantilla prediseñada o abrir un documento reciente.

Figura 1. 3. Pantalla Inicio en Excel 2016

Cuando crea un documento nuevo en blanco o desde una plantilla, o cuando abre un documento reciente, podrá ver la interfaz de la aplicación como lo muestra la Figura 1. 4.

Figura 1. 4. Pantalla principal de Word 2016.

Las interfaces de las aplicaciones de Office prácticamente están divididas en tres secciones. En la sección superior encontrará el título de su documento actual y las herramientas necesarias para trabajar. En la sección del medio está el área de trabajo; un lugar donde agregará el contenido de su documento. Y en la sección inferior se encuentra una barra larga que muestra el estado en el que se encuentra su documento actual, además de algunos botones para cambiar las vistas.

> *Generalmente, a los archivos creados con cualquiera de las aplicaciones de Office se les llaman* **documentos***. Sin embargo, cuando se hable de las aplicaciones en forma independiente, tendrá que usar otro término. Esto se explicará más adelante en este libro.*

La siguiente lista detalla los elementos de las interfaces de las aplicaciones de Office:

Área de título

Cuando necesite ver el nombre de su documento o el nombre de su cuenta de correo electrónico -en caso de Outlook-, dirija su vista al área de título ubicado en la parte superior de la ventana. En esta barra no solo encontrará el nombre del archivo, también podrá ver el nombre del programa utilizado.

Figura 1. 5. Área de título de Word (izquierda). Área de título de Outlook (derecha).

Botones de control

Ubicado al extremo derecho del área de título. En esta área encontrará los botones de control clásicos: **cerrar**, **maximizar/minimizar tamaño** y **minimizar**. Además, está el botón para mostrar y ocultar la cinta de opciones y el nombre de usuario si es que ha iniciado sesión en Office 2016. Vea la Figura 1. 6**¡Error! No se encuentra el origen de la referencia.**.

Figura 1. 6. Área de los botones de control (Word 2016).

Barra de herramientas de acceso rápido

En Office 2016 aún existe una barra de herramientas que contiene algunos comandos comunes para trabajar con los archivos, llamada **Acceso rápido**. Esta Barra de herramientas de acceso rápido se encuentra a la izquierda del área de título. En la mayoría de las aplicaciones de Office 2016 se presentan tres botones clásicos: **Guardar**, **Deshacer** y **Rehacer/Repetir**. Vea la Figura 1. 7.

Figura 1. 7. La barra de herramientas de acceso rápido (Publisher 2016).

La Cinta de opciones

El lugar donde se encuentran todos los comandos necesarios para trabajar con sus documentos se llama **Cinta de opciones** y todas las aplicaciones de Office 2016 la tienen (vea la Figura 1. 8). La cinta de opciones se ubica a lo largo de toda la parte superior de la ventana -justo por debajo del área de título- y organiza intuitivamente todos los comandos a través de fichas y grupos. Por ejemplo, si quiere insertar una imagen en su documento, solo tiene que hacer clic en la ficha **Insertar**, y en el grupo **Ilustraciones**, hacer clic sobre el comando **Imágenes**. ¿Y si quiere revisar la ortografía? Sí, ¡Adivinó! En la ficha **Revisar**, dentro del grupo **Revisión**, está el comando **Ortografía y gramática**.

Figura 1. 8. La cinta de opciones (Word 2016) se ubica justo debajo del área de título y ocupa todo el ancho de la ventana.

Ficha Archivo

Todas las tareas importantes que tratan directamente con sus archivos se encuentran en la vista **Backstage** (Vea la Figura 1. 9). Esta vista Backstage se activa cuando hace clic sobre la ficha **Archivo**. Las opciones que encontrará ahí van desde crear nuevos documentos hasta las tareas de impresión.

Figura 1. 9. Vista Backstage (PowerPoint 2016.)

Barra de estado

La Barra de estado (Figura 1. 10¡**Error! No se encuentra el origen de la referencia.**) se ubica en la parte inferior de todas las ventanas de Office 2016. Por lo general la barra de estado presenta diversos detalles del contenido de su documento. Por ejemplo, cuando trabaja en Word, la barra de estado presenta información sobre el número de páginas que hay en el documento o el idioma del mismo. Si usa Excel, la barra de estado muestra los resultados de algunos cálculos simplemente al seleccionar varias celdas con números.

Figura 1. 10. Barra de estado (Excel 2016).

Cuadros de diálogo y paneles

A pesar de los cambios que ha sufrido Office desde hace mucho tiempo, los paneles y los cuadros de diálogo siguen estando entre nosotros. Los paneles y los cuadros de diálogo albergan más comandos de los que se muestran en la cinta de opciones. Por ejemplo, en Word puede aplicar un tachado a sus textos, sin embargo, aplicar un doble tachado solo se puede hacer si activa el cuadro de diálogo **Fuente**.

En la cinta de opciones, justo a la derecha de algunos nombres de grupo, encontrará un pequeño botón llamado **Iniciador de cuadros de diálogo**. Este iniciador dará pie a que aparezca en pantalla un cuadro de diálogo, o un panel si es el caso. (Vea la Figura 1. 11).

Figura 1. 11. Cuadro de diálogo Fuente (izquierda), panel Formato de imagen (derecha). Ambos pertenecen a Word 2016.

Área de trabajo de las aplicaciones

Aunque todas las aplicaciones de Office comparten prácticamente la misma interfaz en sus ventanas, el área de trabajo -el lugar dónde añadirá el contenido de su documento- sí cambia. Si utiliza Word 2016, el área de trabajo muestra una hoja de papel; si utiliza Excel 2016, el área de trabajo se parece más a una hoja cuadriculada; si utiliza PowerPoint, el área de trabajo muestra una diapositiva.

La Figura 1. 12 muestra el área de trabajo de Excel 2016. Como puede ver, en la cuadrícula está el contenido del documento, mientras que todo a su alrededor tiene la misma interfaz que las otras aplicaciones de Office.

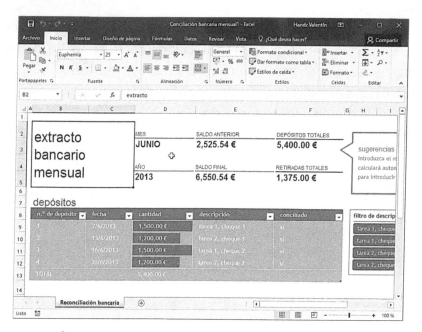

Figura 1. 12. Área de trabajo de Excel 2016. El contenido se añade en la cuadrícula.

Trabajar con la Cinta de opciones

En aquellos tiempos cuando se usaba Office 2003, encontrar los comandos adecuados era toda una travesía. Buscar un comando en los cientos de barras de herramientas no era cosa fácil, solo los usuarios experimentados podían recordar donde se encontraban sus herramientas preferidas. Cuando llegó Office 2007, todo cambió. La cinta de opciones, mostrada en la Figura 1. 13, reemplazó al 99% de las barras de herramientas por una cinta que organizaba intuitivamente todos los comandos. Hoy, la cinta de opciones sigue siendo el área principal para trabajar con el contenido de sus documentos y está organizada en cuatro partes básicas:

- **Las fichas**. Ubicadas en la parte superior de la cinta. Cada una de ellas representa las tareas principales que se llevan a cabo en una aplicación determinada. Algunos ejemplos de fichas son: Inicio, Insertar, Diseño o Vista. Cuando hace clic en una ficha, esta se convierte en la ficha activa.

- **Los grupos**. Se encuentran dentro de cada ficha y agrupan todos los comandos necesarios para un tipo de tarea. Por ejemplo, en la ficha Inicio podrá ver el grupo Fuente, allí encontrará los comandos para aplicar formatos a sus textos. Algunos grupos tienen un pequeño botón llamado **Iniciador de cuadros de diálogo**.

- **Los comandos**. Son los pequeños iconos que están organizados en cada grupo. Algunos de estos comandos pueden ser botones, otros pueden tener flechas con la cual se despliega un menú, y otros pueden ser galerías con estilos prediseñados.

- **La ficha Archivo**. Permite activar la vista backstage donde encontrará más opciones para aplicar a sus documentos.

Figura 1. 13. Partes de la cinta de opciones.

EJERCICIO En el siguiente ejercicio se familiarizará con la cinta de opciones.

No se necesitan archivos de práctica para este ejercicio.

1. Abrir la aplicación PowerPoint 2016.

2. Una vez abierto, pulse la tecla *Esc*.

    De esta manera salimos de la pantalla inicio de PowerPoint y entramos a la interfaz principal.

3. Vea la cinta de opciones.

    Inicio es la ficha activa y presenta los grupos: Portapapeles, Diapositivas, Fuente, Párrafo, Dibujo y Editar. (Vea la Figura 1. 14)

Figura 1. 14. Ficha Inicio de PowerPoint 2016.

4. Clic en la ficha **Insertar**.

   Ahora **Insertar** es la ficha activa y presenta los grupos: Diapositivas, Tablas, Imágenes, Ilustraciones, Complementos, Vínculos, Comentarios, Texto, Símbolos y Multimedia.

5. Active la ficha **Diseño**.

   Aquí están los grupos: Temas, Variantes, Personalizar y Diseñador.

6. Active la ficha **Vista**, y en el grupo **Mostrar**, clic en su **Iniciador de cuadro de diálogo**.

   Se abre el cuadro de diálogo **Cuadrícula y guías** (Figura 1. 15).

Figura 1. 15. Cuadro de diálogo Cuadrícula y guías.

7. Cierre el cuadro de diálogo haciendo clic en la **X** o pulsando la tecla `Esc`.

8. Active la ficha **Inicio** nuevamente, y en el grupo **Portapapeles**, clic en su **Iniciador de cuadro de diálogo**.

   En lugar de abrirse un cuadro de diálogo, esta vez se abre el panel Portapapeles. (Vea la Figura 1. 16).

Figura 1. 16. Panel de tareas Portapapeles.

9. Active la ficha **Diseño**, y en el grupo **Temas**, podrá ver una galería de diseños para sus diapositivas. Señale -no haga clic- cada uno de los mosaicos de la galería y vea cómo va afectando a su diapositiva tal como lo muestra la Figura 1. 17.

Figura 1. 17. Galería del grupo Temas en la ficha Diseño.

10. Clic en el botón **Más** de la galería **Temas** (Figura 1. 18) y se desplegará un menú con más opciones a elegir. Señale cada uno de ellos para ver su nombre y luego, clic sobre **Sector**.

Figura 1. 18. Botón Más en la galería Temas.

11. Clic en la ficha **Archivo**.

    Se activa la vista Backstage.

12. Dentro de la vista backstage, clic sobre la opción **Cerrar**.

    Aparecerá un mensaje preguntándole si desea guardar su documento, en esta ocasión, clic en **No guardar**.

    El documento se cierra, sin embargo, PowerPoint sigue abierto.

13. Clic en la **X** de la ventana de PowerPoint para salir completamente de la aplicación.

El cuadro ¿Qué desea hacer?

Aunque la cinta de opciones organiza muy bien los comandos en sus aplicaciones, aún necesita algo de práctica y experiencia para encontrar ciertos comandos importantes. A la derecha de las fichas de la cinta, se encuentra el cuadro **¿Qué desea hacer?** En este cuadro puede escribir un texto que coincida con la herramienta o la tarea que desea realizar. Por ejemplo, si desea un encabezado de página, clic sobre el cuadro **¿Qué desea hacer?** y escriba algo como *crear un encabezado*. El cuadro le mostrará opciones que coincidan con su búsqueda (Figura 1. 19) y podrá elegir con un clic la herramienta que necesita.

Figura 1. 19. Buscar una herramienta o tarea en el cuadro ¿Qué desea hacer?

Las fichas contextuales

Estas fichas aparecen solo cuando las necesitas. Este comportamiento es muy útil para evitar tener demasiados comandos a la vista. Un ejemplo de ello es cuando selecciona un gráfico, la ficha contextual **Herramientas de gráfico** se activa y muestra las fichas **Diseño** y **Formato** como puede ver en la Figura 1. 20. Cuando deja de seleccionar el objeto, estas fichas contextuales desaparecerán.

Figura 1. 20. Ficha contextual Herramientas de gráficos con sus dos fichas, Diseño y Formato.

Personalizar la Cinta de opciones

La Cinta de opciones tiene mucha flexibilidad cuando se trata de organizar sus herramientas más usadas. A veces, los comandos que más utiliza en sus aplicaciones de Office están dispersas en diferentes lugares. Una alternativa bastante importante es la de crear sus propias fichas y grupos, y organizar los comandos como quiera. Todo esto se hace desde el cuadro de diálogo **Opciones de Office**, desde la página **Personalizar Cinta de opciones**.

EJERCICIO En el siguiente ejercicio, aprenderá a personalizar la Cinta de Opciones.

No se necesitan archivos de práctica para este ejercicio.

1. Abrir la aplicación Word 2016.

2. Pulse la tecla `Esc` para salir de la pantalla Inicio.

3. Clic en la ficha **Archivo**, y clic en **Opciones**.

   Se abre el cuadro de diálogo **Opciones de Word**.

4. Clic en la página **Personalizar cinta de opciones** (Figura 1. 21).

Figura 1. 21 Cuadro de diálogo Opciones de Word.

5. En la sección del lado derecho, clic sobre el botón **Nueva pestaña**.

   Observe la sección derecha. Se acaba de agregar una opción llamada **Nueva pestaña (personalizada)** y además otra opción con el nombre **Nuevo grupo (personalizada)**.

6. Clic en **Nueva pestaña (personalizada)** y después, clic en **Cambiar nombre**.

   Se abre el cuadro de diálogo **Cambiar nombre** (Figura 1. 22).

Figura 1. 22. Cuadro de diálogo Cambiar nombre.

7. En el cuadro **Nombre para mostrar** escriba: Mis comandos. Luego, clic en **Aceptar**.

    Observe que el nombre de la ficha ahora es **Mis comandos (personalizada)**.

8. Seleccione **Nuevo grupo (personalizada)** y clic en **Cambiar nombre**.

    Se abre el cuadro de diálogo **Cambiar nombre** (Figura 1. 23); bastante diferente al anterior.

9. En el cuadro **Nombre para mostrar** escriba: Básico.

10. Seleccione un símbolo cualquiera y clic en **Aceptar**.

Figura 1. 23. Cuadro de diálogo Cambiar nombre para el grupo.

La ficha *(Mis comandos)* y el primer grupo *(Básico)* ya han sido creados. Ahora, debe agregar los comandos que más utilice.

11. Desde la sección izquierda, seleccione el comando **Copiar**. Luego, clic en el botón **Agregar >>**.

El comando **Copiar** acaba de pasar a las filas del grupo **Básico**.

12. Seleccione el comando **Cortar** y clic en **Agregar>>**. **Cortar** también forma parte del grupo **Básico**. (Vea la Figura 1. 24).

Figura 1. 24. La sección izquierda muestra los comandos más utilizados de Word 2016. El lado derecho muestra las fichas por defecto y las personalizadas por usted.

13. Agregue estos otros comandos: **Pegar**, **Copiar formato**, **Configurar página**, **Guardar como**, **Hipervínculo** e **Impresión rápida**. Luego, clic en **Aceptar** del cuadro de diálogo **Opciones de Word**.

Ahora puede notar su nueva ficha agregada a la cinta de opciones (Figura 1. 25).

Figura 1. 25. Nueva ficha personalizada llamada Mis comandos, dentro de ella están los comandos del grupo Básico.

Ocultar la Cinta de opciones

Puede ocultar todo o parte de la cinta de opciones para tener más espacio mientras trabaja en sus documentos.

Hacer doble clic sobre la ficha activa oculta la cinta, pero deja las fichas a la vista. Si hace clic sobre cualquier ficha, la cinta vuelve a aparecer y se ocultará tan pronto haga clic en algún lugar de su documento o en algún comando. Para mostrar permanentemente la cinta de opciones, debe hacer doble clic sobre cualquier ficha.

Por otro lado, para ocultar la cinta de opciones por completo, incluido las fichas, siga estos pasos:

1. Clic en el botón **Opciones de presentación de la cinta de opciones** ubicado en el área de los botones de control.

2. Clic en **Ocultar automáticamente la cinta de opciones**, tal como lo muestra la Figura 1. 26.

Figura 1. 26. Ocultar la cinta de opciones completamente.

Para activar nuevamente la cinta de opciones, siga estos pasos:

1. Clic en el botón **Opciones de presentación de la cinta de opciones** ubicado al extremo superior derecho de la ventana, justo al lado del botón Cerrar.

2. Clic en **Mostrar pestañas** o **Mostrar pestañas y comandos**.

Trabajar con la barra de herramientas de acceso rápido

La única barra de herramientas que ha sobrevivido hasta hoy es la barra de herramientas de acceso rápido ubicado a la izquierda del área de título. Esta barra de herramientas es bastante flexible ya que puede añadir más botones si los necesita. Haciendo clic en **Personalizar barra de herramientas de acceso rápido**

-la flecha ubicada a la derecha de la barra-, se mostrará un menú con los comandos que puede agregar. Todos los comandos que tengan un visto bueno (check) son los que están en la barra (Figura 1. 27); para añadir un comando a la barra, solo debe hacer clic sobre él.

Figura 1. 27. Menú Personalizar barra de herramientas de acceso rápido (Publisher 2016).

También puede agregar más comandos a esta barra desde la cinta de opciones. Clic derecho sobre el comando que quiera agregar, y seleccione la opción **Agregar a la barra de herramientas de acceso rápido**.

Figura 1. 28. Menú contextual que aparece al hacer clic derecho sobre un comando en la cinta de opciones.

Si el comando que necesita no se encuentra en la cinta de opciones, clic en la flecha **Personalizar barra de herramientas de acceso rápido** y seleccione **Más comandos**. El cuadro de diálogo **Opciones de la aplicación** se abre y se activa la página **Barra de herramientas de acceso rápido** (Figura 1. 29).

Figura 1. 29. Cuadro de diálogo Opciones de Publisher con la página Barra de herramientas de acceso rápido activada.

Desde este cuadro de diálogo debe seleccionar un comando y hacer clic en el botón **Agregar>>** para que el comando forme parte de la barra de herramientas de acceso rápido. Una vez terminado de agregar los comandos que necesita, clic en **Aceptar**.

Si tiene demasiados comandos añadidos a la barra de herramientas de acceso rápido, puede cambiar su posición haciendo clic en la flecha **Personalizar barra de herramientas de acceso rápido** y clic en **Mostrar debajo de la cinta de opciones**.

Iniciar sesión en sus aplicaciones de Office

Puede sacar provecho al máximo de sus aplicaciones de Office con solo iniciar sesión a través de una cuenta Microsoft. Al iniciar sesión se guardan las configuraciones que aplicó, como el color o el diseño de fondo de la ventana. Además, también se guardan las listas de los documentos recientemente abiertos desde OneDrive, y los servicios conectados -como YouTube, Facebook o LinkedIn- a las aplicaciones.

Para iniciar sesión en cualquiera de sus aplicaciones de Office

1. Clic en la ficha **Archivo** y clic en la página **Cuenta**.

2. Dentro de la página **Cuenta**, clic en el botón **Iniciar sesión** (Figura 1. 30).

Figura 1. 30. Iniciar sesión en su aplicación de Office.

3. En la ventana de diálogo **Iniciar sesión**, escriba su cuenta Microsoft. Luego, clic en **Siguiente**. (Figura 1. 31)

Figura 1. 31. Ventana de diálogo para iniciar sesión en Office a través de su cuenta Microsoft.

4. Ahora, escriba su contraseña y clic en el botón **Iniciar sesión**.

Espere unos segundos y en su página **Cuenta** (Figura 1. 32) aparecerá su información de usuario, configuraciones, servicios conectados y otra información relevante al producto de Office.

Solo necesita iniciar sesión en una aplicación de Office. Las demás se sincronizarán automáticamente.

Figura 1. 32. Página Cuenta después de haber iniciado sesión en Word 2016.

Una vez iniciado sesión, aparecerá su nombre de usuario a la izquierda de los botones de control. Clic en el nombre de usuario para que se despliegue el menú de usuario (Figura 1. 33) y ver las opciones que trae.

Figura 1. 33. Menú de usuario después de hacer clic en el nombre de usuario.

Crear una cuenta Microsoft

Tener una cuenta Microsoft abre muchas posibilidades productivas para sincronizar sus aplicaciones de Office con cualquier dispositivo y en cualquier lugar. Si ya usa Office 365, Skype, OneDrive, Outlook.com -o el antiguo Hotmail.com-, Xbox Live o un teléfono con Windows Phone, entonces ya tiene una cuenta Microsoft. En caso no tenga una, puede crear una cuenta Microsoft usando una dirección de correo electrónico ya existente -por ejemplo Gmail.com- o crear una nueva dirección a través de Outlook.com. Si aún no tiene una cuenta Microsoft, siga estos pasos para registrarse:

1. Clic en **Archivo** y seleccione la página **Cuenta**.

2. En la página **Cuenta**, clic en el botón **Iniciar sesión**.

3. En la ventana de diálogo **Iniciar sesión**, escriba la dirección de correo electrónico que quiera usar para registrarlo como cuenta Microsoft y clic en el botón **Siguiente**.

   Si no tiene una dirección, invente una por ahora -ya que después podrá crear una nueva- y clic en **Siguiente**.

4. En esta ventana de diálogo, clic en el vínculo **Cree una** (Figura 1. 34). Se abre la ventana de diálogo para registrar una nueva cuenta Microsoft.

Figura 1. 34. Clic en el vínculo Cree una para registrar una nueva cuenta Microsoft.

5. En esta ventana de registro, agregue su **Nombre**, **Apellidos** y su dirección de correo electrónico existente -gmail o yahoo- (Figura 1. 35).

Nombre

Johan

Apellidos

Valley

Después de registrarte, te enviaremos un mensaje con
un vínculo para comprobar este nombre de usuario.

Nombre de cuenta Microsoft

▓▓▓▓▓@gmail.com

O consigue una nueva dirección de correo electrónico

Figura 1. 35. Agregue su nombre, apellidos y la dirección de correo electrónico que usará como cuenta Microsoft.

6. Si no tiene una cuenta existente, clic en el vínculo **O consigue una nueva dirección de correo electrónico**. Ahora, agregue lo siguiente (Vea la Figura 1. 36).

   - Nombre de su nueva cuenta Microsoft.

   - Elija un dominio entre Outlook.es, Outlook.com o Hotmail.com.

   - Agregue una contraseña nueva para su nueva cuenta Microsoft.

   - Vuelva a escribir la contraseña para su nueva cuenta Microsoft.

Nombre

Johan

Apellidos

Valley

blog.valentinbook@hotmail.com está disponible.

Nombre de cuenta Microsoft

blog.valentinbook

@

hotmail.com   ▾

O usa tu correo electrónico favorito

Crea una contraseña

●●●●●●●●●●

8 caracteres como mínimo, distingue mayúsculas de
minúsculas

Vuelve a escribir la contraseña

●●●●●●●●●●

Figura 1. 36. Registre su nueva cuenta Microsoft a través de una dirección de correo electrónico, un nombre de dominio como Outlook.com y su contraseña.

7. Seleccione su país o región, el código postal, fecha de nacimiento, sexo, un número telefónico y un correo alternativo.

Tanto el número telefónico como el correo alternativo serán de gran ayuda cuando tenga problemas para iniciar sesión, por ejemplo, cuando quiere recuperar su contraseña. (Vea la Figura 1. 37).

Figura 1. 37. Complete su información de usuario eligiendo su país, su fecha de nacimiento, y un número telefónico o correo alternativo en caso tenga un problema para iniciar sesión.

8. Por último, agregue los caracteres de la imagen y clic en el botón **Crear cuenta** (Vea la Figura 1. 38).

Figura 1. 38. Completar su registro para una nueva cuenta Microsoft.

Para ver que todo ha ido bien, revise el área de los botones de control, debe aparecer su nombre de usuario.

Revisar la información de la cuenta

Al hacer clic sobre la ficha Archivo y luego sobre la página Cuenta, puede encontrar información importante sobre su cuenta de usuario, los servicios conectados y la activación del producto.

La primera sección de la página **Cuenta** muestra su nombre de usuario y la dirección de correo electrónico de su cuenta Microsoft. Además, se encuentran los enlaces para cambiar la foto de perfil (**Cambiar foto**), revisar información personal (**Acerca de mí**), cerrar la sesión de sus aplicaciones de Office (**Cerrar sesión**) y cambiar de cuenta. También desde aquí puede cambiar el fondo y el tema de la aplicación. (Vea la Figura 1. 39).

Para cambiar el tema o el fondo:

1. Clic en la flecha del desplegable **Fondo de Office** o **Tema de Office**.

2. Clic en las opciones de fondo o tema que se despliega.

    Los cambios sucederán con tan solo dar clic.

Figura 1. 39. Información de usuario de la página Cuenta.

Cambiar tanto el fondo como el tema de las aplicaciones de Office es una pequeña libertad que tiene para personalizar la apariencia de sus ventanas. El tema por defecto es **Multicolor**. Cuando abre Word, puede ver que la parte superior es de color azul, mientras que Excel es de color verde. Sin embargo, tiene la posibilidad de elegir otros colores como Blanco, Gris o Negro. Por otro lado, el diseño del fondo son pequeños dibujos -como nubes, estrellas o fondo marino- que aparecen en la parte superior de la ventana dándole un toque creativo a la apariencia de la aplicación.

Figura 1. 40. Ventana de Word 2016 con el tema Negro.

La segunda sección le permite conectarse a varios servicios en línea como Facebook, YouTube, Twitter o LinkedIn, como se muestra en la Figura 1. 41. Al hacerlo, podrá sacar provecho al máximo a los servicios que ofrecen estos sitios web. Por ejemplo, puede insertar sus fotos guardadas en Facebook en sus documentos de Word, o puede agregar vídeos de YouTube a sus diapositivas en PowerPoint.

Figura 1. 41. Servicios conectados a sus aplicaciones de Office.

Para agregar un servicio:

1. Clic en la ficha **Archivo**, y clic en la página **Cuenta**.

2. En la sección **Servicios conectados**, clic en **Agregar un servicio**.

3. En el menú desplegable, seleccione la categoría del servicio que desea agregar. Entre ellas están: **Imágenes y vídeos**, **Almacenamiento** y **Uso compartido**.

4. Seleccione por ejemplo **Imágenes y Vídeos**, y clic en algún servicio, por ejemplo, **Facebook para Office**.

5. En algunos casos se abre una ventana de diálogo donde deberá hacer clic sobre el botón **Conectar** y luego iniciar sesión en el servicio tal y como sucede con Facebook o LinkedIn. Otros servicios como YouTube se conectan automáticamente con tan solo seguir el paso 4.

La tercera sección muestra información importante de los productos de Office. Desde aquí puede ver si Office 2016 está activado, ver las opciones de actualización de las aplicaciones y las novedades. Por ejemplo, si hace clic en **Novedades**, podrá ver qué cosas nuevas traen sus aplicaciones. Mientras se escribió este libro, la última novedad para todas las aplicaciones de Office fue el tema **Negro**.

Figura 1. 42. Información del producto.

Cambiar las opciones de Office

Existen muchas opciones importantes para cambiar el funcionamiento de sus aplicaciones de Office. Puede cambiar opciones tan básicas como el nombre de usuario, hasta cosas avanzadas como el idioma de la aplicación. Todos estos cambios se hacen a través del cuadro de diálogo **Opciones de la aplicación**. Por ejemplo, si abre Excel y accede a **Opciones**, aparecerá el cuadro de diálogo **Opciones de Excel**, tal como lo muestra la Figura 1. 43; si es PowerPoint, aparecerá el cuadro de diálogo **Opciones de PowerPoint**.

Para activar el cuadro de diálogo Opciones de la aplicación:

1. Clic en la ficha **Archivo**.

2. Clic en **Opciones**.

Figura 1. 43. Cuadro de diálogo Opciones de Excel.

Deshabilitar la Pantalla Inicio

La pantalla Inicio es la primera interfaz que aparece ante nuestros ojos cuando abrimos cualquier aplicación de Office 2016 -también sucede en Office 2013- (véase Conocer la interfaz de Office 2016). En esta pantalla puede abrir un documento reciente, crear un nuevo documento en blanco o a través de una plantilla. Sin embargo, muchos usuarios están acostumbrados a abrir una aplicación y que automáticamente se cree un nuevo documento en blanco, para ello, se puede deshabilitar la pantalla de Inicio.

Para deshabilitar la pantalla Inicio:

1. Clic en la ficha **Archivo** y clic en **Opciones**.

    Se abre el cuadro de diálogo **Opciones de la aplicación**.

2. A la izquierda del cuadro de diálogo, active la página **General**.

3. Busque la sección **Opciones de Inicio**.

4. Deshabilite con un clic la casilla **Mostrar la pantalla Inicio cuando se inicie esta aplicación**, tal como lo muestra la Figura 1. 44.

Figura 1. 44. Desactivar la pantalla Inicio.

5. Clic en **Aceptar** del cuadro de diálogo **Opciones de la aplicación**.

    La próxima vez que abra la aplicación, no aparecerá más la pantalla Inicio. En su lugar, se creará un nuevo documento.

> *Tanto Access como Publisher no tienen la opción de deshabilitar la pantalla Inicio.*

Para regresar la pantalla inicio a su normalidad, siga los pasos anteriores y active la casilla **Mostrar la pantalla Inicio cuando se inicie esta aplicación**.

Cambiar el Idioma de la Aplicación

El idioma de las aplicaciones de Office es sumamente importante en tres aspectos: la edición, la interfaz y la ayuda. Por ejemplo, cuando corrige algún texto en Word, hace uso del corrector ortográfico en idioma español, es por ello que, si escribe *"equibocar"*, el corrector sugerirá *"equivocar"*. También podrá notar -obvio que sí- que la interfaz de sus aplicaciones está en español, y así mismo, la ayuda del sistema.

Todas las opciones de idioma se encuentran desde el cuadro de diálogo Opciones de la aplicación.

Para abrir las opciones de idioma:

1. Clic en la ficha **Archivo**.

2. Clic en **Opciones**.

3. Clic en la página **Idioma**.

Figura 1. 45. La página Idioma en el cuadro de diálogo Opciones de Excel.

En la sección **Elegir idioma de edición**, puede agregar varios idiomas, por ejemplo, el inglés. De esta manera puede escribir palabras en inglés y si se equivoca, el corrector intentará ayudarlo.

Por otro lado, en la sección **Elegir idioma de la Ayuda e interfaz de usuario**, solo aparece el español a menos que descargue e instale un paquete de idiomas. Si lo hace, puede entonces cambiar el idioma de la ayuda y de la interfaz de usuario, tal como lo muestra la Figura 1. 46.

Figura 1. 46. Cinta de opciones de Excel 2016 en idioma inglés.

Para cambiar el idioma de la interfaz de Office:

1. Dentro de la sección **Elegir idioma de la Ayuda e interfaz de usuario**, clic en la opción **Inglés**.

2. Clic en el botón **Establecer como predeterminado**.

Figura 1. 47. Cambiar el idioma de la interfaz a inglés.

3. Clic en **Aceptar**.

   Aparece un aviso indicando que debe reiniciar su aplicación para notar los cambios.

4. Dentro del aviso, haga clic en **Aceptar** y reinicie su aplicación.

> *Si desea instalar un paquete de idiomas, puede usar el siguiente enlace:*
> *https://goo.gl/Gmluuf*

Capítulo 2: Administrar sus archivos de Office

En este capítulo aprenderá a:

- Crear nuevos documentos

- Abrir, guardar y cerrar documentos

- Exportar documentos

- Administrar versiones

Use la carpeta Capítulo2 para los ejercicios de este capítulo.

El término común para todos los **archivos** creados con sus aplicaciones de Office -en especial Word, Excel y PowerPoint- es *documentos*. Sin embargo, cada aplicación tiene un nombre especial para sus archivos. A los archivos de Word se les llaman documentos, a los de Excel libros y a los de PowerPoint presentaciones. Sea cual sea la aplicación que use, la creación, apertura y guardado de los archivos son técnicas similares que aprenderá en este capítulo.

Por otro lado, el trabajo con Access y Outlook es algo diferente. Con Access primero debe crear un archivo -base de datos- y luego añadir los contenidos. Con Outlook ni siquiera va a crear archivos -aunque sí puede crear plantillas- ya que esta aplicación le ayudará a gestionar sus correos y otras tareas en lugar de crear contenido que se use una y otra vez.

Este capítulo lo guiará a través de las técnicas comunes para la creación de nuevos documentos, así como abrir o guardar documentos o incluso comprobar la compatibilidad de los mismos.

Crear documentos

Cuando inicia alguna de las aplicaciones de Office -como Word, Excel, PowerPoint y Publisher-, se muestra la pantalla Inicio y le da la opción de crear un nuevo documento, ya sea en blanco o a partir de una plantilla. Una vez creado el nuevo documento podrá añadir contenido y aplicarle formato para luego guardarlo.

Por otro lado, cuando se trabaja con Access, lo primero que debe hacer es guardar el archivo. Una vez guardado, ya podrá trabajar con los objetos, añadir contenido y realizar otras tareas.

En este apartado, aprenderá a crear nuevos documentos, ya sea uno en blanco o usando una plantilla.

Crear un documento en blanco

Un documento en blanco es un archivo que no tiene nada de contenido. Recuerde que el nombre documento es un término general para todos los archivos de Office y también para Word. En Excel se crea un libro en blanco, y en PowerPoint se crea una presentación en blanco.

Use estas técnicas para crear un nuevo documento en blanco.

En Word, Excel y PowerPoint

- Abrir la aplicación, y en la pantalla **Inicio**, clic en **Documento en blanco** (Word), **Libro en blanco** (Excel) o **Presentación en blanco** (PowerPoint).

- Abrir la aplicación, y pulsar la tecla **Esc**.

- Si ya hay un documento abierto, clic en la ficha **Archivo | Nuevo**. Luego clic en **Documento en blanco** (Word), **Libro en blanco** (Excel) o **Presentación en blanco** (PowerPoint).

- Si ya hay un documento abierto, pulse `Ctrl + U`.

En Access

- Abrir la aplicación, y en la pantalla **Inicio**, clic en **Base de datos del escritorio en blanco**. En la ventana de diálogo, agregue un nombre y clic en el botón **Crear**, tal como lo muestra la Figura 2. 1.

Figura 2. 1. Ventana de diálogo para crear una base de datos en blanco.

- Si ya hay una base de datos abierta, clic en la ficha **Archivo | Nuevo**. Clic en **Base de datos del escritorio en blanco**. En la ventana de diálogo, agregue un nombre y clic en el botón **Crear**. Una vez creada, la base de datos anterior ˙ se cerrará.

Crear un documento a partir de una plantilla

Una forma de ahorrar tiempo es usar una plantilla prediseñada. En Office encontrará gran variedad de plantillas de diversas temáticas para que solo pueda cambiar cierto contenido. En la pantalla **Inicio** o al hacer clic en **Archivo | Nuevo**, encontrará varias plantillas para elegir. Desplácese hacia abajo para encontrar más plantillas, tal como lo muestra la Figura 2. 2. Si ninguna de las plantillas es de su interés, aún puede intentar buscar una a través del cuadro **Buscar plantillas en línea**.

Figura 2. 2. Lista de plantillas desde Archivo | Nuevo.

39

EJERCICIO En el siguiente ejercicio aprenderá a crear un libro basado en una plantilla:

1. Abrir **Excel 2016**.

2. En la pantalla **Inicio**, desplácese hacia abajo para ver la lista de plantillas.

3. Clic en la plantilla **Seguimiento de asistencia de los empleados**.

   Se abre la ventana de diálogo de la vista previa de la plantilla, tal como lo muestra la Figura 2. 3.

Figura 2. 3. Ventana de diálogo de la vista previa de la plantilla.

4. Clic en el botón **Crear**. La plantilla comienza a descargarse y luego de unos segundos ya podrá hacer uso de la plantilla.

   A continuación, creará un nuevo libro basado en otra plantilla.

5. Clic en la ficha **Archivo** y luego clic en la página **Nuevo**.

6. En el cuadro **Buscar plantillas en línea** escriba `Plan`.

7. Clic en el botón **Buscar** (icono de lupa) o pulse `Enter`.

   Excel le mostrará las plantillas que coincidan con la palabra Plan, tal como lo muestra la Figura 2. 4.

8. Clic en la plantilla **Planificador de clases diarias**.

9. En la ventana de diálogo que aparece, clic en el botón **Crear**.

   De esta manera ha creado dos libros basados en una plantilla.

10. Cierre sus libros sin guardar los cambios.

Figura 2. 4. Plantillas coincidentes con la búsqueda de la palabra Plan.

Abrir archivos

Si ya tiene archivos existentes, hay varias formas de poder abrirlos y seguir trabajando con ellos. Una de las formas más comunes es haciendo doble clic sobre el archivo, y tras unos segundos de espera, el contenido de su archivo se abrirá. Otra forma bastante sencilla es usar las listas de archivos recientes que aparecen en la pantalla **Inicio** o cuando hace clic en **Archivo | Abrir**. A continuación, aprenderá varias formas de abrir sus archivos existentes.

Abrir archivos locales

Es posible que la mayoría de sus archivos estén almacenados en algunas de las carpetas de su disco duro local, por ejemplo, en la carpeta **Documentos**. Para abrir sus archivos deberá saber exactamente su ubicación y usar alguna de estas dos técnicas.

En cualquiera de las aplicaciones de Office:

1. Navegue hacia la carpeta donde se encuentra su archivo.

2. **Doble clic** sobre el archivo o **clic derecho** sobre el archivo y clic en **Abrir**. Unos segundos después se abrirá el contenido del archivo.

O

1. Clic en la ficha **Archivo** y clic en la página **Abrir**.

2. Dentro de la página **Abrir**, clic en la opción **Este PC**.

3. Clic en la carpeta o carpetas donde están guardados sus archivos.

4. Por último, clic en el archivo que quiere abrir, tal como lo muestra la Figura 2. 5.

Figura 2. 5. Navegar por sus carpetas desde la página Abrir. En la parte superior derecha se muestra la ruta de ubicación del archivo.

O

1. Clic en la ficha **Archivo** y clic en la página **Abrir**.

2. Dentro de la página **Abrir**, clic en **Examinar**.

   Se abre el cuadro de diálogo **Abrir**, tal como lo muestra la Figura 2. 6.

Figura 2. 6. Cuadro de diálogo Abrir.

3. Navegue hasta la carpeta donde se encuentra su archivo.

4. Clic en el archivo que quiere abrir.

5. Por último, clic en el botón **Abrir**.

Use cualquiera de estas opciones para abrir archivos desde su memoria USB o cualquier disco extraíble.

Abrir archivos recientes

Solo aparecerán en la lista si ha trabajado recientemente con esos archivos.

Para abrir alguno de los archivos recientes en cualquiera de las aplicaciones:

1. Abrir la aplicación, y en la pantalla **Inicio**, en la lista de **Recientes**, clic en el archivo de la lista.

o

1. Abrir la aplicación, si no encuentra el archivo en la lista, clic en el enlace **Abrir otros**.

2. Ahora, clic en el archivo de la lista **Recientes**, como lo muestra la Figura 2. 7.

Figura 2. 7. Lista de archivos recientes.

o

1. Si ya hay un documento abierto, clic en la ficha **Archivo**.

2. Clic en **Abrir** y luego clic en **Recientes**.

3. Clic en el archivo de la lista **Recientes** (Vea la Figura 2. 7).

> *Si un archivo ha cambiado de nombre o de ubicación, aparecerá un mensaje indicando que el archivo no se puede abrir.*

Dentro de la lista de archivos recientes, si señala alguno de los documentos listados, verá que a la derecha se muestra el icono de una chincheta. Haga clic en la chincheta para anclar el documento a la lista de recientes y así tenerlo permanentemente.

Abrir archivos desde la nube

Ya en el primer capítulo de este libro se explicó cómo Microsoft está incentivando, a través de varios servicios, el uso de la nube. Si tiene guardado documentos en OneDrive, puede abrir esos archivos sin problemas. Antes de poder abrir cualquier archivo, debe iniciar sesión con su cuenta Microsoft o conectarse a un servicio (véase el Capítulo 1: Conocer Office 2016).

Para cualquiera de las aplicaciones de Office:

1. Realice alguna de estas acciones según las circunstancias:
   - Abrir la aplicación y haga clic en **Abrir otros**.
   - Si ya hay un documento abierto, clic en la ficha **Archivo** y clic en la página **Abrir**.
2. Clic en **OneDrive: Personal**.
3. Clic en la carpeta o carpetas donde están guardados sus archivos.
4. Por último, clic en el archivo que quiere abrir.

> *Si tiene un sitio de SharePoint conectado a sus aplicaciones de Office 2016, utilice los mismos pasos como si se tratara de OneDrive.*

Hazlo tú mismo

En este ejercicio abrirá documentos de diversas maneras. Se usarán los archivos **Marketing Online.pptx** y **Equipo de reubicación.pptx** ubicado en **C: | OfficeData | Capítulo 2**.

1. Navegue hasta su carpeta Capítulo 2 y abra la presentación **Equipo de reubicación.pptx**.

2. Active la página **Abrir** desde la ficha **Archivo** y desde ahí abra la presentación **Marketing Online.pptx**.

3. Cierre el archivo **Equipo de reubicación.pptx**.

4. En la lista de **Recientes**, ancle la presentación **Equipo de reubicación.pptx**.

5. Por último, nuevamente abra el archivo **Equipo de reubicación.pptx** desde la lista **Recientes**.

Guardar archivos

Casi todas las aplicaciones de Office 2016 tienen el mismo método para guardar un archivo. Puede comenzar un documento en blanco, trabajar el contenido, y luego, después de unos minutos, guardarlo. Para guardar sus archivos debe tener en cuenta tres cosas: la ubicación, el nombre y el tipo de archivo. La Tabla 2. 1 muestra los tipos de archivos principales para sus aplicaciones de Office:

Aplicación	Extensión principal	Tipo de archivo
Word	.docx	Documento de Word
Excel	.xlsx	Libro de Excel
PowerPoint	.pptx	Presentación de PowerPoint
Access	.accdb	Base de datos de Access

Tabla 2. 1. Lista de extensiones principales de Office 2016.

Guardar por primera vez

Guardar un archivo permite almacenar tu trabajo permanentemente y usarlo cada vez que lo necesitas para hacer cambios. Si no guardas el archivo, corres el riesgo de perder todo tu esfuerzo. Imagínate que has pasado toda la noche escribiendo el informe de fin de mes. Sería una pena que la aplicación falle y se cierre el documento sin guardar. Cada vez que tengas la sensación de haber hecho algo muy importante en tu documento y no quieres perderlo, debes hacer clic en el botón **Guardar**.

Cuando va a guardar un archivo por primera vez, debe agregar un nombre que identifique al documento, elegir una carpeta donde será almacenado, y seleccionar el formato de archivo. Existen varias técnicas para guardar un archivo por primera vez, para hacerlo, siga estos pasos:

A través del cuadro de diálogo Guardar como en Word, Excel y PowerPoint:

1. Acceder a la página **Guardar como**. Puede hacerlo a través de:

   - Clic en el botón **Guardar** ubicado en la barra de herramientas de acceso rápido.

   - Clic en la ficha **Archivo**, y luego clic en **Guardar**.

   - Clic en la ficha **Archivo**, y clic directamente en **Guardar como**.

2. Clic en **Examinar**.

   Se abre el cuadro de diálogo **Guardar como**, tal como lo muestra la Figura 2. 8.

3. Navegue hasta la carpeta donde guardará su archivo.

4. En el cuadro **Nombre de archivo**, escriba un nombre con el que se guardará su archivo.

5. En el cuadro **Tipo**, verifique que esté seleccionado el formato correcto.

6. Clic en **Guardar**.

Figura 2. 8. Cuadro de diálogo Guardar como.

> *Otra forma de acceder al cuadro de diálogo **Guardar como** es pulsando la tecla F12.*

En Access

1. Debe crear una nueva base de datos en blanco. Esto guarda por primera vez su base de datos.

Guardar los cambios

Después de haber escrito un nombre, elegir la carpeta, y haber seleccionado el tipo de archivo, la próxima vez que quiera guardar será más fácil. Cuando hace algún cambio al contenido del documento, no necesita realizar todo el proceso de guardado como lo hizo la primera vez, solo necesitará guardar los cambios realizados. A esta acción algunos usuarios lo llaman **actualizar el archivo**.

Para guardar los cambios en el documento actual:

- Pulse `Ctrl+G`.

- Clic en la ficha **Archivo**, y clic en **Guardar**.

- Clic en el botón **Guardar** de la barra de herramientas de acceso rápido.

> *En Access la base de datos se guarda automáticamente. Lo que sí debe guardar individualmente son los objetos, como las tablas, consultas o formularios. (Véase el Capítulo 9: Trabajar con Access 2016)*

Guardar en otra ubicación

La primera vez que guarda un archivo debe elegir una ubicación. Cuando agrega más contenido al archivo y guarda los cambios, todo se hace en la misma ubicación. Sin embargo, para mayor seguridad, puede guardar una copia de su archivo en otra carpeta o en un disco extraíble. Para guardar su archivo en otra ubicación debe activar nuevamente las opciones de **Guardar como**.

Para guardar su archivo en otra ubicación:

1. Clic en la ficha **Archivo**.

2. Clic en la página **Guardar como**.

3. Dentro de la página Guardar como, clic en **Examinar**.

> *También puede pulsar la tecla F12 para activar rápidamente el cuadro de diálogo Guardar como.*

4. Dentro del cuadro de diálogo **Guardar como**, seleccione otra carpeta donde desea guardar su archivo. Si lo requiere, cambie el nombre de archivo.

5. Clic en el botón **Guardar**.

Guardar archivo con formato clásico

Aunque ya han pasado varios años desde que las aplicaciones de Office cambiaron sus extensiones de archivo, aún algunas empresas o usuarios están utilizando versiones antiguas, por ejemplo, Office 2003.

Si realiza un documento en Office 2016, luego guarda el documento con cualquiera de las extensiones principales (vea la Tabla 2. 1) y después comparte el archivo con otro usuario que tenga un Office 2003, lo más seguro es que este usuario no pueda abrirlo debido a la incompatibilidad de formatos.

Para buena suerte, puede guardar sus archivos creados en Office 2016 en formatos clásicos para que sea compatible con versiones antiguas de Office. La Tabla 2. 2 lista las extensiones clásicas de las versiones antiguas de Office.

Aplicación	Extensión clásica	Tipo de archivo
Word	.doc	Documento de Word 97-2003
Excel	.xls	Libro de Excel 97-2003
PowerPoint	.ppt	Presentación de PowerPoint 97-2003
Access	.mdb	Base de datos de Access 2002-2003

Tabla 2. 2. Lista de extensiones clásicas para versiones antiguas de Office.

Para guardar sus archivos con compatibilidad para versiones anteriores, siga estos pasos:

En Word, Excel y PowerPoint

1. Clic en la ficha **Archivo** | **Guardar como** | **Examinar**, o pulse `F12`.

   Se abre el cuadro de diálogo **Guardar como**.

2. En **Tipo**, seleccione **Documento de Word 97-2003 o Libro de Excel 97-2003 o Presentación de PowerPoint 97-2003**.

3. Si es necesario, cambie el nombre o la ubicación del archivo.

4. Luego, clic en **Guardar**.

o

1. Clic en la ficha **Archivo** y clic en la página **Exportar**.

2. Clic en la opción **Cambiar tipo de archivo**.

3. En la sección **Cambiar el tipo de archivo**, seleccione **Documento de Word 97-2003 o Libro de Excel 97-2003 o Presentación de PowerPoint 97-2003**, tal como lo muestra la Figura 2. 9.

*Figura 2. 9. Cambiar el tipo de archivo desde la página **Exportar**. (Excel 2016).*

4. Clic en **Guardar como**.

   Se abre el cuadro de diálogo **Guardar como**.

5. Si es necesario, cambie el nombre o la ubicación del archivo.

6. Luego, clic en **Guardar**.

Es posible que al guardar sus archivos con un formato compatible aparezca el cuadro de diálogo **Comprobador de compatibilidad** indicando que algunas características serán deshabilitadas para evitar inconvenientes con versiones antiguas de Office. Haga clic en **Continuar** para guardar el archivo de todas formas. Para más información véase Comprobar Compatibilidad más adelante en este capítulo.

En Access

1. Clic en la ficha **Archivo** y clic en la página **Guardar como**.

2. Clic en **Guardar base de datos como**.

3. En la sección *Guardar base de datos como*, clic en **Base de datos de Access 2002-2003**.

4. Clic en **Guardar como**.

   Si la base de datos es lo suficientemente compatible para guardarlo en un formato clásico, aparece el cuadro de diálogo **Guardar como** y podrá guardar el archivo. Caso contrario, aparece un mensaje indicando que la base de datos no es compatible para tal acción.

Guardar archivos en la nube

Guardar tus archivos en la nube es una forma bastante flexible de acceder a tu información en cualquier momento y lugar. Si tiene una cuenta Microsoft, entonces ya tiene un disco de almacenamiento en nube llamado **OneDrive**. Puede usar OneDrive para guardar sus documentos, acceder a ellos desde cualquier dispositivo y compartirlos por Internet. También, puede usar la nube para guardar una copia de seguridad de sus documentos locales.

Para guardar sus archivos en la nube:

1. Clic en la ficha **Archivo** y clic en **Guardar como**.

2. Dentro de la página **Guardar como**, clic en **OneDrive: Personal**.

3. A la derecha, clic en la carpeta donde quiere guardar su archivo.

   Se abre el cuadro de diálogo **Guardar como** conectado a su dirección en OneDrive. Si lo requiere, puede seleccionar otras carpetas desde este cuadro de diálogo.

4. Clic en **Guardar**.

Guardar archivos con contraseña

Para proteger su información de posibles cambios no autorizados, puede añadir contraseñas a sus archivos. Existen dos tipos de contraseñas que se pueden aplicar:

- **Apertura:** Permite aplicar una contraseña al abrir el documento. Si no agrega la contraseña correcta, entonces el documento no se abrirá.

- **Escritura:** Permite aplicar una contraseña para que pueda editar un documento. Si no sabe la contraseña, puede elegir el **Modo lectura** para leer el contenido, mas no puede guardar los cambios.

Para añadir una contraseña de apertura siga estos pasos:

En Word, Excel y PowerPoint

1. Seleccione **Archivo | Guardar como | Examinar**. O también pulse *F12*.

2. En el cuadro de diálogo **Guardar como,** clic en **Herramientas**.

3. Clic en **Opciones Generales**.

   Se abre el cuadro de diálogo **Opciones generales**.

4. En el cuadro **Contraseña de apertura**, invente una contraseña, tal como puede ver en la Figura 2. 10.

Figura 2. 10. Cuadro de diálogo Opciones generales. (PowerPoint 2016).

5. Clic en **Aceptar**.

   Se abre el cuadro de diálogo **Confirmar contraseña**.

6. En el cuadro **Volver a escribir la contraseña de apertura**, escriba la contraseña que inventó en el **paso 4**.

Figura 2. 11. Cuadro de diálogo Confirmar contraseña. (PowerPoint 2016).

7. Clic en **Aceptar**.

   Nuevamente se muestra el cuadro de diálogo **Guardar como**.

8. Si es necesario, agregue un nombre o cambie la ubicación de su archivo. Luego, clic en **Guardar**.

Para añadir una *contraseña de escritura* siga estos pasos:

En Word, Excel y PowerPoint

1. Seleccione **Archivo | Guardar como | Examinar**. O también pulse *F12*.

2. En el cuadro de diálogo **Guardar como,** clic en **Herramientas**.

3. Clic en **Opciones Generales**.

   Se abre el cuadro de diálogo **Opciones generales**.

4. En el cuadro **Contraseña de escritura**, invente una contraseña, tal como puede ver en la Figura 2. 12.

Figura 2. 12. Cuadro de diálogo Opciones generales. (Excel 2016).

5. Clic en **Aceptar**.

   Se abre el cuadro de diálogo **Confirmar contraseña**.

6. En el cuadro **Volver a escribir la contraseña de escritura**, escriba la contraseña que inventó en el **paso 4**.

7. Clic en **Aceptar**.

   Nuevamente se muestra el cuadro de diálogo **Guardar como**.

8. Si es necesario, agregue un nombre o cambie la ubicación de su archivo. Luego, clic en **Guardar**.

La próxima vez que abra el archivo, deberá escribir la contraseña de apertura -para abrir y ver el contenido- y/o escritura -para editar el archivo-. Si no recuerda la contraseña de apertura no podrá abrir el archivo para nada. Por otro lado, si olvida la contraseña de escritura, aún puede hacer clic en el botón **Solo lectura** para poder ver el contenido mas no editarlo. (Vea la Figura 2. 13).

Figura 2. 13. Cuadro de diálogo Contraseña de apertura. Use el botón Solo lectura para ver el contenido sin editarlo.

Hazlo tú mismo

En este ejercicio deberá abrir algunos documentos y guardarlos en diferentes formatos. Se usarán los archivos **Plan de trabajo.docx** y **Oso de anteojos.docx** ubicado en **C: | OfficeData | Capítulo 2.**

1. Abrir la aplicación Word 2016 y cree un nuevo documento en blanco.

2. Escriba el siguiente texto: *Informe de Plan General 2016.*

3. Guarde el documento con el nombre **Plan General.docx** en la carpeta **Documentos**. Luego cierre el documento.

4. Abrir el documento **Plan de trabajo.docx**.

5. Clic en la ficha **Diseño**, y en el grupo **Formato del documento**, clic en la galería **Temas**.

6. Seleccione el tema **Faceta**. Vea cómo ha cambiado el diseño del documento.

7. Guarde los cambios del documento.

8. Ahora, guarde el documento con el formato de compatibilidad 97-2003. Luego, cierre el documento.

9. Abrir el documento **Oso de anteojos.docx**.

10. Guarde una copia del documento en el **Escritorio** con el nombre **Copia de Oso de anteojos.docx**.

11. Aplique una contraseña de apertura al documento **Copia de Oso de anteojos.docx** y guarde los cambios.

Cerrar un archivo

Si ya no necesita trabajar con un archivo por hoy, simplemente ciérrelo. Cerrar un archivo es muy diferente a cerrar la aplicación. Cuando hace clic en el botón **Cerrar** -el botón con una X- del área de los botones de control, tanto el archivo como la aplicación se cierran. En cambio, si hace clic en la ficha **Archivo** y luego clic en **Cerrar**, tal como lo muestra la Figura 2. 14, se cierra solo el archivo mientras que la aplicación sigue abierta.

> También puede pulsar `Ctrl+F4` para cerrar solo el archivo.

Figura 2. 14. Cerrar un archivo.

Si no ha guardado los cambios en el archivo, aparece un cuadro de diálogo preguntándole si quiere guardar. Puedes elegir entre las tres opciones: **Sí**, **No guardar** y **Cancelar**.

Figura 2. 15. Cuadro de diálogo que le pregunta si desea guardar los cambios.

Exportar archivos a PDF y/o XPS

Tanto los PDF como los XPS son tipos de archivos que mantienen el diseño fijo sin darle oportunidad al usuario de hacer algún cambio, esto ayuda a preservar el contenido y el formato del documento.

Cuando se exportan los archivos a PDF o XPS, necesita una aplicación que permita ver su contenido. En Windows 10, ya se ha incorporado un visor de XPS. Para los archivos PDF, puede descargar una aplicación desde la tienda de Windows que permita ver archivos PDF.

> *Adobe Reader es una aplicación clásica por excelencia para abrir archivos PDF.*

Para exportar un documento a PDF y/o XPS siga estos pasos:

En Word, Excel y PowerPoint

1. Clic en la ficha **Archivo** y clic en la página **Exportar**.

2. Dentro de la página **Exportar**, clic en **Crear documento PDF/XPS.**

3. Luego, clic en el botón **Crear documento PDF/XPS**, tal como lo muestra la Figura 2. 16.

   Se abre el cuadro de diálogo **Publicar como PDF o XPS**.

Figura 2. 16. Exportar documento a PDF y/o XPS.

4. En el cuadro de diálogo **Publicar como PDF o XPS**, elija una ubicación y un nombre de archivo.

5. Por último, clic en **Publicar**.

> *Desde la versión 2013, la aplicación Word permite abrir y editar documentos en PDF. Para abrir el documento en PDF debe ir a **Archivo | Abrir | Examinar**, y luego seleccionar su archivo PDF.*

Comprobar Compatibilidad

Cuando guarda su documento en un formato compatible con versiones anteriores de Office, la aplicación comprueba la compatibilidad y te avisa qué características serán eliminadas o cambiadas cuando pasa de una versión a otra. Si lo desea, puede adelantarse a ello y comprobar por sí mismo la compatibilidad del documento. Para hacerlo, siga estos pasos:

En Word, Excel y PowerPoint

1. Clic en la ficha **Archivo** y clic en la página **Información**.

2. En la página **Información**, clic en **Comprobar si hay problemas**.

3. De la lista desplegable, clic en **Comprobar compatibilidad**.

   Se abre el cuadro de diálogo **Comprobador de compatibilidad**, tal como lo muestra la Figura 2. 17.

4. Dentro del cuadro de diálogo, verifique la información del área **Resumen**. Revise qué características serán eliminadas cuando cambia de una versión nueva a una clásica.

5. Si ha leído la información y todo está correcto para usted, clic en **Aceptar**.

Figura 2. 17. Cuadro de diálogo Comprobador de compatibilidad. (Excel 2016)

Convertir archivo al nuevo formato

Desde la versión de Office 2007 los formatos clásicos (doc, xls y ppt) cambiaron por nuevos y mejorados formatos (docx, xlsx y pptx). Estos nuevos formatos traen ciertas ventajas, una de ellas es que los archivos creados son más livianos que los clásicos.

Cuando abre un documento creado con cualquier versión inferior a Office 2016 -no solo Office 2003 sino también Office 2013, Office 2010 y Office 2007- el área de título muestra el texto **[Modo de compatibilidad]**. Esto significa que algunas características de Office 2016 se han deshabilitado o no funcionan a todo su potencial. Si tiene un archivo que aparezca en el título **[Modo de compatibilidad]** y quiere usar todo el potencial de la nueva versión 2016, siga estos pasos:

En Word, Excel y PowerPoint

1. Clic en la ficha **Archivo** y clic en la página **Información**.

2. Dentro de la página **Información**, clic en el botón **Convertir**, tal como lo muestra la Figura 2. 18.

   Aparece un mensaje de aviso.

3. El mensaje de aviso le indica que el archivo se convertirá a la nueva versión. Clic en **Aceptar**.

Figura 2. 18. Convertir archivo a la nueva versión y activar todas las características.

> *Si está usando un archivo con formato clásico y usa el convertidor, el archivo original se eliminará por completo y a partir de ahora tendrá la extensión nueva.*

Administrar Versiones

Aunque ya sabe que debe guardar cada cierto tiempo su documento, a veces suceden cosas que se nos escapan de las manos. Un corte de energía, una aplicación que se cierra inesperadamente o que el equipo se cuelgue podría obligarnos a cerrar el documento sin guardar los cambios, o simplemente el haber cerrado el documento y que tu dedo haya hecho clic en **No guardar** mientras tu mente decía que le des clic en **Sí**. Cualquiera de estos casos puede ser el común denominador, y por ello Office presenta dos opciones importantes: La Autorrecuperación y el Autoguardado.

En Word, Excel y PowerPoint la autorrecuperación de documentos se da cada diez minutos. La autorrecuperación es solo una copia del archivo y no reemplaza al archivo actual.

Para cambiar el tiempo de autorrecuperación:

1. Clic en la ficha **Archivo** y clic en **Opciones**.

   Se abre el cuadro de diálogo **Opciones de la aplicación**.

2. Clic en la página **Guardar**.

3. En la sección **Guardar libros**, verifique que esté activa la casilla **Guardar información de Autorecuperación cada *nn* minutos**.

4. En el cuadro de minutos, cambie el número de minutos que crea conveniente.

5. Clic en **Aceptar**.

Por otro lado, el autoguardado está basado a las versiones de los documentos. Por ejemplo, si ha trabajado el documento en diferentes intervalos de tiempo y aún no lo ha guardado, se van creando versiones autoguardadas de los mismos, eso quiere decir que puede recuperar un documento que se trabajó a las 17:08 horas y a las 23:46 horas y revisar sus cambios, tal como lo muestra la Figura 2. 19.

Figura 2. 19. Versiones autoguardadas de un documento.

Para recuperar las versiones debe activar la casilla **Conservar la última versión autoguardada cuando se cierra sin guardar** desde el cuadro de diálogo **Opciones de la aplicación | Guardar | sección Guardar libros**, tal como lo muestra la Figura 2. 20.

Guardar libros

Guardar archivos en formato: Libro de Excel (*.xlsx)

☑ Guardar información de Autorrecuperación cada 10 ⬍ minutos

☑ Conservar la última versión autoguardada cuando se cierra sin guardar

Figura 2. 20. Opciones para autorrecuperar y autoguardar documentos.

Capítulo 3: Técnicas Fundamentales y de Colaboración

En este capítulo aprenderá a:

- Deshacer, rehacer y repetir acciones

- Aplicar zoom

- Administrar y organizar ventanas

- Compartir documentos con otros usuarios

- Insertar comentarios

- Aplicar control de cambios

- Imprimir documentos

Use la carpeta Capítulo3 para los ejercicios de este capítulo.

Desde hace muchos años las aplicaciones de Office se han estandarizado. La mayoría de ellas tienen comandos bastante comunes para realizar ciertas acciones. Por ejemplo, para ver más de cerca el contenido de un documento, puede usar el Zoom, o si ha cometido un error, puede regresar a un estado anterior con el comando Deshacer. En este capítulo conocerá muchas de las operaciones fundamentales que se realizan en las aplicaciones de Office 2016.

Deshacer una acción

Mientras trabaja en un documento pueden ocurrir varias cosas. Por ejemplo, en Word puede haber escrito un párrafo completo y luego se da cuenta que no le gustó, o puede haber aplicado ciertos formatos y unos segundos después decide que no van con su estilo personal. Si ya ha realizado ciertas acciones en el documento, puede retroceder esas acciones con el comando **Deshacer** ubicado en la barra de herramientas de acceso rápido o pulsando `Ctrl+Z`.

Cuando el comando **Deshacer** muestra una flecha a la derecha, indica que puede desplegar un menú con las acciones que ha realizado en el documento, tal como lo muestra la Figura 3. 1.

> *Tenga en cuenta que deshacer una acción hace que otras acciones también desaparezcan, por ejemplo, si ha seleccionado la acción 15 de la lista de Deshacer, entonces las 14 acciones más recientes también se deshacen.*

Figura 3. 1. Menú de acciones del comando Deshacer.

Rehacer y repetir

El botón **Rehacer** cambia a **Repetir** y viceversa cuando realiza acciones en el documento. Por ejemplo, cuando ha utilizado el comando **Deshacer** al menos una vez, se activa el comando **Rehacer** el cual permite mostrar nuevamente la acción descartada. Cuando se aplica un formato, por ejemplo, se activa el comando **Repetir**. Al hacer clic sobre **Repetir** en algún texto seleccionado, este hereda la última **acción**. (Vea la Figura 3. 2).

Figura 3. 2. Comandos Deshacer y Repetir.

Aplicar Zoom

El Zoom permite acercarse o alejarse de la vista de un documento. Cuando necesita ver detalladamente un elemento, por ejemplo, un gráfico SmartArt con textos muy pequeños, puede hacer un acercamiento (zoom in) y ver los textos que no se puede notar a simple vista. También puede hacer un alejamiento (zoom out) para dar un vistazo general a las páginas del documento.

Para aplicar Zoom puede usar el deslizador que se encuentra a la derecha en la barra de estado, tal como lo muestra la Figura 3. 3. Puede hacer clic en el signo menos para reducir el zoom, o clic en el signo más para aumentarlo. A la derecha se muestra el nivel de zoom que está aplicando, y si hace clic sobre él, se abrirá el cuadro de diálogo **Zoom**.

Figura 3. 3. Partes del deslizador de Zoom.

También encontrará opciones basados en el Zoom desde la ficha **Vista**, dentro del grupo **Zoom**. La siguiente lista muestra las opciones del grupo **Zoom** en diferentes aplicaciones de Office:

- **Zoom:** Muestra el cuadro de diálogo Zoom el cual permite especificar el nivel de Zoom.

- **100%:** Permite aplicar un zoom al 100% del tamaño normal del documento.

- **Una página (Solo en Word):** Ajusta el documento para que se vea toda una página en la pantalla.

- **Dos páginas (Solo en Word):** Ajusta el documento para que se vea dos páginas en la pantalla.

- **Ancho de página:** Ajusta el zoom del documento para que el ancho de página coincida con el ancho de la ventana.

- **Ajustar a la ventana (solo en PowerPoint):** Ajusta la vista de la presentación a la ventana. Esta acción está basada a la resolución de pantalla.

- **Objeto seleccionado (Solo en Publisher):** Ajusta el zoom a un objeto que ha sido seleccionado para que se muestre en toda la pantalla.

- **Ampliar la selección (Solo en Excel):** Ajusta el Zoom a un rango seleccionado para que este se muestre en toda la pantalla.

EJERCICIO En el siguiente ejercicio aprenderá a utilizar el Zoom en Word 2016:

> Abrir el documento **Contenidos.docx** ubicado en **C: | OfficeData | Capítulo 3.**

1. Clic en la ficha **Vista**, y en el grupo **Zoom**, clic en **Una página**.

   Observe como se muestra una sola página en la ventana de Word.

2. En el mismo grupo **Zoom**, clic sobre el comando **Varias páginas**.

   Ahora se muestran varias páginas. La cantidad de páginas a mostrar dependerá del tamaño de su pantalla y de que no esté abierto algún panel, tal como lo muestra la Figura 3. 4.

Figura 3. 4. Ventana de Word mostrando varias páginas a la vez.

3. Para volver a ver la vista de la página en un tamaño regular, clic en el comando **100%.**

4. Clic en el comando **Zoom** y dentro del cuadro de diálogo **Zoom**, clic en el botón **Varias páginas.**

5. Clic en el botón con icono de monitor y seleccione **1 x 2**, tal como lo muestra la Figura 3. 5.

6. Clic en **Aceptar**.

   Observe cómo se muestran dos páginas a la vez. Aún si hubiera paneles que obstaculicen la vista, Word se ajustará para mostrar dos páginas.

Figura 3. 5. Cuadro de diálogo Zoom mostrando páginas en una vista 1 X 2.

7. Guarde los cambios y cierre Word.

Administrar ventanas

Cuando trabaja con una aplicación de Office lo hace en una sola ventana, pero en ocasiones, debe trabajar en varias secciones de su documento y una sola ventana no siempre ayuda; debería haber métodos más productivos para trabajar en varias partes de su documento y para buena suerte las hay, y están en la ficha **Vista**, dentro del grupo **Ventana,** tal como lo muestra la Figura 3. 6.

Figura 3. 6. Grupo Ventana (PowerPoint 2016).

Nueva ventana

El comando **Nueva ventana** permite abrir el mismo documento en otra ventana. Prácticamente tendría lo mismo en dos ventanas. Pero, tenga la mente abierta. Tener lo mismo en dos ventanas no necesariamente significa tener la misma sección o la misma vista de un documento. Por ejemplo, puede estar editando el *contenido del capítulo 1* en una ventana, y editar el *contenido del capítulo 8* en otra ventana. Otro ejemplo es tener una vista normal en una ventana y la vista esquematizada en otra ventana, tal como lo muestra la Figura 3. 7.

Si tiene una sola pantalla y esta es algo pequeña, quizá le resulte incómodo trabajar con dos ventanas a la vez. Una solución es comprar una pantalla de mayor tamaño o mejor aún, conectar dos pantallas a su equipo.

Recuerde, es un solo documento dividido en dos ventanas. Por lo tanto, todo cambio que haga en alguna de las ventanas afectará al documento en sí. Cuando activa una nueva ventana, en el área de título aparecerá el mismo nombre del archivo. La única diferencia es que mostrará el número de ventana, por ejemplo, si el documento se llama **Trabajo**, aparecerá en el área de título de sus ventanas: **Trabajo:1** y **Trabajo:2**.

Para activar una nueva ventana:

1. Clic en la ficha **Vista**.

2. En el grupo **Ventana**, clic en **Nueva ventana**.

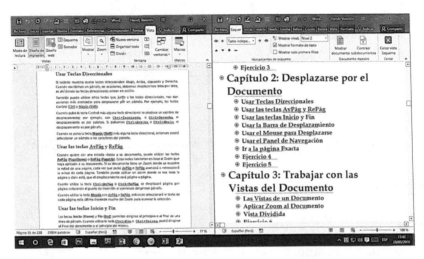

Figura 3. 7. Vista en paralelo. A la izquierda muestra el documento en vista Diseño de impresión y a la derecha el mismo documento en vista Esquema (Word 2016).

Organizar ventanas

Si ya tiene dos ventanas de un mismo documento, ¿Cómo las organizo? Dentro del grupo **Ventana** está el comando **Ver en paralelo**. Este comando coloca dos ventanas una al lado de la otra (vea la Figura 3. 7) o una encima de otra (solo en Word y Excel), ideal para revisar y comparar el contenido de sus documentos.

Cuando las ventanas están posicionadas después de hacer clic en el comando **Ver en paralelo**, el comando **Desplazamiento sincrónico** se activa. Con este comando activado puede ir desplazándose a través de los dos documentos a la misma vez. Por ejemplo, si en una ventana se desplaza hacia abajo, la otra ventana hará lo mismo.

Otro comando que está disponible en el grupo **Ventana**, y que se encuentra en Word, Excel y PowerPoint es **Organizar todo**. A diferencia de la vista en paralelo, con este comando podrá organizar -en una vista horizontal o vertical- todos los documentos abiertos de una aplicación. Por ejemplo, si ha abierto tres ventanas de PowerPoint, las tres se colocarán en vertical, tal como lo muestra la Figura 3. 8.

Figura 3. 8. Ventanas organizadas de una presentación de PowerPoint.

Para ver ventanas en paralelo:

1. Clic en la ficha **Vista**.

2. En el grupo **Ventana**, clic en **Ver en paralelo**.

   Se abre el cuadro de diálogo **Comparar en paralelo**, tal como lo muestra la Figura 3. 9.

3. En **Comparar en paralelo con**, clic en la ventana con la cual quiere comparar.

4. Clic en **Aceptar**.

Figura 3. 9. Cuadro de diálogo Comparar en paralelo. (Word 2016).

Para organizar todas las ventanas a la vez:

1. Clic en la ficha **Vista**.

2. En el grupo **Ventana**, clic en **Organizar todo.**

> *Para volver las ventanas a su normalidad, puede hacer clic nuevamente en el botón **Ver en paralelo** si está activada la vista en paralelo. También, puede maximizar directamente la ventana si ha usado el comando **Organizar todo**.*

Al tener varias ventanas abiertas lo más seguro es que quiera una manera rápida de activar la ventana con la cual quiere trabajar. Un método muy sencillo es usar el botón de la aplicación en la barra de tareas y hacer clic sobre la ventana del documento. Otra forma es usando el comando **Cambiar ventanas** ubicado en el grupo **Ventana** de la ficha **Vista**.

Para cambiar entre ventanas:

1. Señale el botón de la aplicación en la barra de tareas.

    Se mostrarán miniaturas de las ventanas, tal como lo muestra la Figura 3. 10.

Figura 3. 10. Miniaturas de las ventanas. (Excel 2016).

2. Clic en la ventana con la que desee trabajar.

o

1. Clic en la ficha Vista.

2. En el grupo Ventana, clic en **Cambiar ventanas**.

    Se despliega un menú.

3. Dentro del menú, clic en la ventana con la cual desea trabajar, tal como lo muestra la Figura 3. 11.

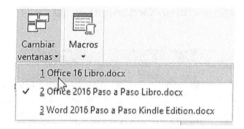

Figura 3. 11. Elegir del menú Cambiar ventanas la ventana con la cual quiere trabajar.

Compartir con otros usuarios

Las aplicaciones de Office tienen herramientas que hacen fácil compartir sus documentos con otros usuarios. Por ejemplo, puede guardar un documento en OneDrive y compartirlo con otras personas. También, puede enviar un mensaje de correo electrónico con el documento adjunto sin necesidad de abrir antes Outlook. Incluso puede publicar sus documentos en línea para que otros usuarios puedan ver el contenido en vivo.

Para compartir con otras personas (Word, Excel y PowerPoint)

1. Clic en la ficha **Inicio**, clic en la página **Compartir**

2. Clic en **Compartir con otras personas.**

3. Clic en **Guardar en la nube**.

4. Guarde en su OneDrive personal.

Para enviar un documento adjunto por correo electrónico (Word, Excel y PowerPoint)

1. Clic en la ficha **Inicio**, clic en la página **Compartir**

2. Clic en **Correo electrónico**.

3. Clic en **Enviar como datos adjuntos**.

Se abre la ventana de mensaje de Outlook 2016.

4. En el cuadro **Para** escriba la dirección de correo electrónico de la persona a quién va a enviar.

5. En el área más grande, escriba un mensaje para el usuario.

6. Clic en el botón **Enviar**.

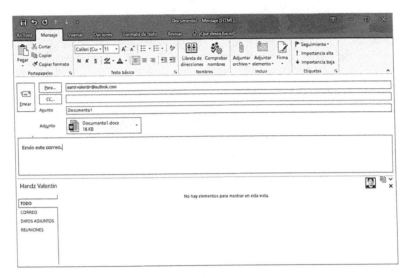

Figura 3. 12. Ventana de Mensaje de Outlook 2016.

Para enviar documento como PDF adjunto por correo Electrónico (Word, Excel y PowerPoint)

1. Clic en la ficha **Inicio**, clic en la página **Compartir**

2. Clic en **Correo electrónico.**

3. Clic en **Enviar como PDF**.

   Se abre la ventana de mensaje de Outlook 2016.

4. En el cuadro **Para** escriba la dirección de correo electrónico de la persona a quién va a enviar.

5. En el área más grande, escriba un mensaje para el usuario.

6. Clic en el botón **Enviar**.

Para presentar en línea un Documento (Word y PowerPoint)

1. Clic en la ficha **Inicio**, clic en la página **Compartir**.

2. Clic en **Presentar en línea**.

3. Clic en el botón **Presentar en línea**.

   Se abre la ventana de diálogo **Presentar en línea**.

4. Copie el enlace de la ventana de diálogo **Presentar en línea** (vea la Figura 3. 13 y compártalo con sus amigos o use **Enviar por correo electrónico** para enviar el enlace.

5. Clic en **Iniciar Presentación**.

Figura 3. 13. Ventana de diálogo Presentar en línea.

Para finalizar la presentación en línea (Word y PowerPoint)

1. En la ficha **Presentar en línea**, clic en **Finalizar presentación en línea**.

Figura 3. 14. Ficha Presentar en línea.

Para publicar diapositivas en SharePoint

1. Clic en la ficha **Inicio**, clic en la página **Compartir.**

2. Clic en **Publicar diapositivas**.

3. Clic en el botón **Publicar diapositivas**.

   Se abre el cuadro de diálogo **Publicar diapositivas**.

4. En el cuadro de diálogo **Publicar diapositivas**, en el cuadro **Publicar en**, agregue la dirección de la biblioteca de SharePoint o clic en **Examinar** para elegir la dirección.

5. Clic en **Publicar**.

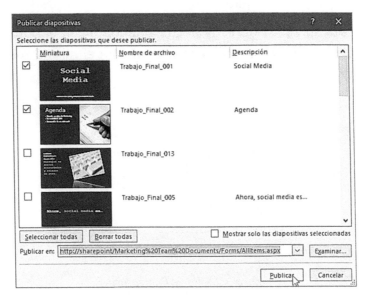

Figura 3. 15. Cuadro de diálogo Publicar diapositivas.

Dejar comentarios

Si ha compartido su documento con otros usuarios para que lo puedan revisar, lo más sensato es que ellos puedan dejar un comentario. En las aplicaciones de Office, un usuario puede dejar su comentario sobre algún texto, algún objeto o alguna celda (en Excel) para que las personas encargadas del documento puedan leer los comentarios y hacer los cambios al respecto.

Puede agregar tantos comentarios como quiera.

En Word y PowerPoint

1. Seleccione el texto u objeto.

2. Clic en la ficha **Revisar**, y en el grupo **Comentarios**, clic en **Nuevo comentario**.

   Se abre el panel **Comentarios**.

3. En el panel **Comentarios**, en el cuadro de usuario, escriba el comentario que quiere dejar. (Vea la Figura 3. 16)

4. Si necesita agregar algo extra al comentario, clic en el botón **Nuevo** y se añadirá un nuevo cuadro de comentario para el mismo texto u objeto o seleccionado.

Figura 3. 16. Panel Comentarios.

En Excel

1. Seleccione la celda donde desea añadir un comentario.

2. Clic en la ficha **Revisar**, y en el grupo **Comentarios**, clic en **Nuevo comentario**.

   Aparece una etiqueta a la derecha de la celda.

3. Escriba el mensaje en la etiqueta (Vea la Figura 3. 17).

4. Clic en alguna otra celda para que el comentario quede guardado.

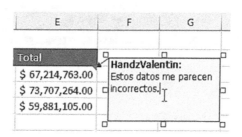

Figura 3. 17. Comentario en una celda de Excel 2016.

Para ir al siguiente o anterior comentario (Word, Excel y PowerPoint)

1. Clic en la ficha **Revisar**, y en el grupo **Comentarios**, clic en los botones **Siguiente** o **Anterior**.

Para eliminar comentarios (Word, Excel y PowerPoint)

1. Clic en la ficha **Revisar**, y en el grupo **Comentarios**, clic en el botón **Eliminar**.

Saber quién hizo cambios en el documento

Si está trabajando en equipo en la realización de un informe de trabajo, lo más seguro es que varios usuarios se involucren en la revisión del documento. Hacer los cambios es fácil, solo modifique lo que tiene que hacer y punto. El detalle viene cuando otro usuario ve el documento y se da cuenta que muchas cosas han cambiado. Para llevar un control y dar un seguimiento a los cambios hechos en el documento, puede activar el **Control de cambios**.

El control de cambios se encarga de capturar las modificaciones que haya realizado en el documento, por ejemplo, el aplicar negrita a un texto, borrar una palabra, o modificar una celda (vea la Figura 3. 18). Este control de cambios se aplica tanto en Word como a Excel.

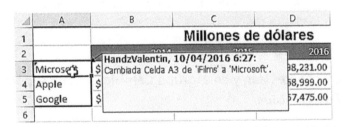

Figura 3. 18. Control de cambios aplicado a una celda en Excel 2016.

Para activar el Control de cambios en Excel

1. Clic en la ficha **Revisar**, y en el grupo **Cambios**, clic en el botón desplegable **Control de cambios**.

2. Clic en **Resaltar cambios**.

   Se abre el cuadro de diálogo **Resaltar cambios,** tal como lo muestra la Figura 3. 19.

3. Habilite la casilla **Efectuar control de cambios al modificar. Esto también comparte el libro.**

4. En la sección **Resaltar cambios**, realice alguna de estas acciones:

   - **Habilitar casilla Cuándo:** Muestra la fecha cuando se realizó el cambio.

   - **Habilitar casilla Quién:** Muestra el usuario quien hizo el cambio.

   - **Habilitar casilla Dónde:** Muestra los cambios de la celda o rango seleccionado.

5. Habilite la casilla **Resaltar cambios en pantalla**.

6. Clic en **Aceptar**.

Figura 3. 19. Cuadro de diálogo Resaltar cambios.

Para aceptar o rechazar cambios en Excel

1. Clic en la ficha **Revisar**, y en el grupo **Cambios**, clic en el botón desplegable **Control de cambios.**

2. Clic en **Aceptar o rechazar cambios**.

   Se abre el cuadro de diálogo **Seleccionar cambios para aceptar o rechazar**.

   Si ha habido cambios recientes sin guardar, se abrirá un cuadro de diálogo de advertencia que le pedirá guardar el libro.

3. Habilite las casillas que crea conveniente y clic en **Aceptar**.

4. Dentro del cuadro de diálogo **Aceptar o rechazar cambios**, realice alguna de estas acciones:

- **Aceptar:** Acepta el cambio mostrado en el cuadro de diálogo.

- **Rechazar:** Rechaza el cambio mostrado en el cuadro de diálogo.

- **Aceptar todos:** Acepta todos los cambios en el libro.

- **Rechazar todos:** Rechaza todos los cambios en el libro.

- **Cerrar:** Cierra el cuadro de diálogo.

Figura 3. 20. Cuadro de diálogo Aceptar o rechazar cambios.

Para activar control de cambios en Word

1. Clic en la ficha **Revisar**, y en el grupo **Seguimiento**, clic en el botón **Control de cambios**.

Para mostrar revisiones en Word

1. En la ficha **Revisar**, en el grupo **Seguimiento**, clic en la flecha desplegable **Mostrar para revisión**.

2. Seleccione alguna de las siguientes opciones:

- **Revisiones simples:** Muestra una línea roja vertical en el margen ubicando la posición dónde se hicieron los cambios.

- **Todas las revisiones:** Muestra una línea gris vertical en el margen ubicando la posición dónde se hicieron los cambios, resalta y subraya los nuevos textos agregados, y tacha en rojo los que han sido eliminados del documento.

- **Ninguna Revisión:** Muestra el documento con los cambios hechos, pero no resalta ninguno de los cambios.

- **Original:** Muestra el documento tal y como fue antes de activar el control de cambios.

Figura 3. 21. Lista desplegable Mostrar para revisión.

Para mostrar revisiones en globos en Word

1. En la ficha **Revisar**, en el grupo **Seguimiento**, clic en el botón desplegable **Mostrar marcas**.

2. Señale **Globos** y clic en **Mostrar revisiones en globos**.

3. En el desplegable **Mostrar para revisión,** active la opción **Todas las revisiones**.

Figura 3. 22. Documento con revisiones en globos.

Para activar el panel de revisiones en Word

1. En la ficha **Revisar**, en el grupo **Seguimiento**, clic en la flecha desplegable del botón **Panel de revisiones**.

2. Elija alguna de estas opciones:

   - **Panel de revisiones vertical**
   - **Panel de revisiones horizontal**

Para revisar los cambios individualmente en Word

1. En la ficha **Revisar**, en el grupo **Cambios**, clic en los botones **Anterior** o **Siguiente**, según sea el caso.

Para aceptar cambios en Word

1. En la ficha **Revisar**, en el grupo **Seguimiento**, clic en la flecha desplegable del botón **Aceptar**.

2. Elija alguna de estas opciones:

   - **Aceptar e ir al siguiente cambio.**
   - **Aceptar este cambio**
   - **Aceptar todos los cambios mostrados**
   - **Aceptar todos los cambios**
   - **Aceptar todos los cambios y detener el seguimiento**

Para rechazar cambios en Word

1. En la ficha **Revisar**, en el grupo **Seguimiento**, clic en la flecha desplegable del botón **Rechazar**.

2. Elija alguna de estas opciones:

   - **Rechazar y continuar con la siguiente.**
   - **Rechazar cambio**
   - **Rechazar todos los cambios mostrados**
   - **Rechazar todos los cambios**
   - **Rechazar todos los cambios y detener el seguimiento**

Imprimir Documentos

Desde hace algunos años, el mundo está cambiando su forma de pensar, y el concepto del "cuidado del medio ambiente" se ha vuelto muy importante. Hoy, los usuarios se preocupan más por el costo de sus impresiones. El papel, los cartuchos y la electricidad que se usan, todos estos recursos se tienen que usar a conciencia. Sin embargo, en ocasiones, es necesario realizar una impresión. Puede usar las opciones de imprimir para una impresión óptima.

Para empezar a imprimir un documento necesita de al menos una impresora instalada en el equipo o en la red de la oficina. Aunque el modelo o la marca no importan mucho a la hora de imprimir un par de hojas en negro, sí que importan cuando necesitas imprimir en un tamaño de papel específico, a colores y la cantidad de páginas a imprimir.

La mayoría de impresoras instaladas en casa u oficina son capaces de imprimir en un tamaño de papel A4. Algunas impresoras, en especial los que trabajan a inyección de tinta, pueden imprimir a color y con diferentes gramajes de papel obteniendo resultados de gran calidad. Otras impresoras, como las de láser, son capaces de imprimir docenas de páginas rápidamente, en especial si son impresiones en negro. Tenga la impresora que sea, deberá conocer estos detalles para poder obtener los resultados deseados.

Para verificar las impresoras instaladas en el equipo o en la red

1. Clic en el botón Inicio y escriba `Impresoras`.

2. En los resultados de búsqueda, clic en **Dispositivos e impresoras**.

3. Dentro de la ventana **Dispositivos e impresoras**, en la sección Impresoras, revise las impresoras instaladas en el equipo o en la red.

Figura 3. 23. Lista de impresoras instaladas en el equipo o en la red.

Para establecer una impresora predeterminada

1. Dentro de la ventana **Dispositivos e impresoras**, clic derecho sobre la impresora que usará como predeterminada.

2. Clic sobre la opción **Establecer como impresora predeterminada**.

Para realizar una impresión rápida con la impresora predeterminada

1. Active el botón **Impresión rápida** en la Barra de herramientas de acceso rápido. (Véase Trabajar con la barra de herramientas de acceso rápido).

2. Clic sobre el botón **Impresión rápida**.

Para imprimir un documento

1. Clic en la ficha **Archivo** y clic en la página **Imprimir**.

2. En la sección **Impresora**, seleccione la impresora que usará para la impresión.

3. En el cuadro **Copias**, cambie el valor si desea tener más copias impresas del documento.

4. En **Configuración**, ajuste los valores necesarios para su impresión, como el tamaño, la orientación y la cantidad de páginas por hoja.

5. Clic en el botón **Imprimir**.

Capítulo 4: Conociendo Word 2016

En este capítulo aprenderá a:

- Desplazarse por un documento

- Conocer técnicas para copiar, cortar y pegar

- Aplicar formatos de fuente y párrafo

- Aplicar sangrías

- Trabajar con listas

- Aplicar estilos

> *Use la carpeta Capítulo4 para los ejercicios de este capítulo.*

Word es el programa de procesamiento de texto más usado en el mundo, ideal para la creación de todo tipo de documentos. Puede usar Word para escribir, editar, insertar imágenes y, sobre todo, aplicar formato a sus textos. Esta característica de aplicar formato mientras trabaja es lo que hace posible que se le dé el nombre de procesador de texto.

Una vez que comience a trabajar con Word 2016, podrá darse cuenta que sus herramientas son muy sencillas de usar. Si ya ha tenido experiencia con versiones anteriores no debe preocuparse, ya que todo sigue estando en su mismo lugar; si es un nuevo usuario en Word, no demorará mucho en comprender su funcionamiento. En este capítulo aprenderá los conceptos esenciales para utilizar Word y sacarle provecho al máximo.

Desplazarse por el documento

Cuando trabajas en documentos regularmente extensos, desplazarse a través de las páginas puede ser una tarea bastante agotadora. Muchos usuarios aún usan el famoso método del "gira, gira que ya llegamos", usan la rueda –(scroll) del mouse para ir bajando o subiendo por las páginas. Estas técnicas no solo se usan cuando hay varias páginas, con los párrafos sucede lo mismo. Cuando una persona escribe una oración en el documento y se da cuenta que ha fallado en una letra, en lugar de cambiar solo la letra, prefiere usar el botón Retroceso (backspace) para borrar todo hasta llegar a la letra mal escrita y luego hacer el cambio.

En esta sección conocerá las diversas formas de desplazarse a través de los párrafos y páginas del documento.

Usar las teclas direccionales

El teclado muestra cuatro teclas direccionales: **Abajo**, **Arriba**, **Izquierda** y **Derecha**. Use estas teclas para desplazarse carácter por carácter y línea tras línea de párrafo. También puede utilizar otras teclas que, junto a las teclas direccionales, les dan acciones más avanzadas para desplazarse por un párrafo. Por ejemplo, las teclas **Control** (**Ctrl**) y **Mayús** (**Shift**).

Cuando pulsa la tecla **Control** más alguna tecla direccional se produce un cambio de desplazamiento. Por ejemplo, con *Ctrl+Izquierda* o *Ctrl+Derecha*, el desplazamiento es por palabra. Si pulsa *Ctrl+Arriba* o *Ctrl+Abajo*, el desplazamiento es por párrafo.

Cuando se pulsa la tecla **Mayús** (**Shift**) más alguna tecla direccional, entonces puede seleccionar un párrafo o los caracteres del párrafo.

Usar las teclas AvPág y RePág

Cuando quiere dar una mirada rápida a su documento, puede utilizar las teclas **AvPág** (**PageDown**) o **RePág** (**PageUp**). Estas teclas funcionan en base al zoom que haya aplicado a su documento. Si su documento tiene un Zoom donde se muestre la mitad de una página, cada vez que pulse **AvPág** o **RePág** avanzará o retrocederá la mitad de cada página. También puede aplicar un zoom donde se vea toda la página y claro está, que el desplazamiento será página por página.

Cuanto usa *Ctrl+AvPág* o *Ctrl+RePág*, se desplazará página por página colocando el punto de inserción al comienzo del primer párrafo. Cuando utiliza la tecla **Mayús** con **AvPág** y **RePág**, entonces puede seleccionar el texto de cada página; esta última depende mucho del zoom para acelerar la selección.

Usar las teclas Inicio y Fin

Las teclas **Inicio** (**Home**) y **Fin** (**End**) permiten dirigirse al principio o al final de una línea de párrafo. Cuando utiliza la tecla *Ctrl+Fin* o *Ctrl+Inicio*, puede dirigirse al final del documento o al principio del mismo.

Al utilizar la tecla *Ctrl+Mayús+Inicio* o *Ctrl+Mayús+Fin*, le será más fácil seleccionar porciones más extensas de texto.

Usar el Panel de navegación

El **Panel de navegación** es una característica bastante valiosa para desplazarse con precisión por el documento. Entre sus funciones más importantes están el mostrar los títulos que se han aplicado a los textos, realizar búsquedas y desplazarse a diferentes posiciones en el documento.

Para activar el Panel de navegación

1. Clic en la ficha **Vista**.

2. En el grupo **Mostrar**, marque la casilla **Panel de navegación**.

Cuando activa el **Panel de navegación** este se posiciona a la izquierda de la ventana. Lo más resaltante en el panel es el **cuadro de búsqueda** y las tres fichas: **Títulos**, **Páginas** y **Resultados**, tal como lo muestra la Figura 4. 1.

Use el cuadro de búsqueda para encontrar un texto o carácter en el documento. Si la búsqueda ha coincidido con el contenido del documento, Word resaltará esas coincidencias con un sombreado amarillo. Si hace clic sobre la ficha **Resultados** en el panel de navegación, se muestran porciones de párrafo resaltando en negrita el texto buscado, tal como lo muestra la Figura 4. 2. Las porciones de párrafo en la ficha **Resultados** son enlaces hacia el párrafo completo donde se encuentra el texto buscado.

Figura 4. 1. Panel de Navegación.

Figura 4. 2. Resultados de la búsqueda. Se ha usado el texto "Office 2016".

Para usar el cuadro de búsqueda

1. Clic en el cuadro de búsqueda.

2. Escriba el texto que desea buscar. Espere unos segundos para obtener los resultados.

Para desplazarse por los resultados de búsqueda a través de la ficha Títulos

1. Clic en la ficha **Títulos**.

2. Los títulos se resaltan en amarillo. Esto significa que el texto buscado forma parte de ese título.

3. Clic en el título que tenga el resaltado amarillo.

Para desplazarse por los resultados de búsqueda a través de la ficha Resultados

1. Clic en la ficha **Resultados**.

2. Se muestran las porciones de párrafo donde se encuentra el texto buscado.

3. Clic en la porción de párrafo que crea conveniente.

Para desplazarse por los resultados de búsqueda a través de la ficha Páginas

1. Clic en la ficha **Páginas**.

2. Se muestran solo las miniaturas de las páginas que contengan el texto buscado.

3. Clic en la miniatura que crea conveniente.

Para cancelar una búsqueda

- Clic en la **X** al final del cuadro de búsqueda.

- Pulse la tecla *Esc*.

Con la ficha **Títulos** se muestran los títulos que están marcados como tal en el documento. Los títulos son textos que están marcados con un formato especial. Si no aplica este formato, no aparecerán en el panel de navegación. Estos títulos funcionan como enlaces, esto significa que debe hacer clic en el título para dirigirse a su posición dentro del documento.

Algo parecido sucede con la ficha **Páginas**, solo que, en lugar de mostrar títulos, muestra una miniatura de cada página. Aumente el ancho del panel de navegación para ajustar la vista de las miniaturas, tal como lo muestra la Figura 4. 3. Las miniaturas de página facilitan ver por completo la estructura del documento.

Figura 4. 3. Ficha Páginas en el Panel de navegación.

Ir a la página correcta

Imagínese que le envían un documento para que pueda revisarlo y la persona quién le envió le dice que revise la página 115, 116, 134 y la 220. Entonces, es hora de ponerse en marcha y la única opción que se le ocurre para llegar a la página 115 es usar la rueda del mouse. Otra técnica que se le puede ocurrir es usar el panel de navegación con la ficha Páginas e ir navegando por las miniaturas. Lo más seguro es que estas técnicas no le ayudarán tanto como quiere. Existe otro método que está en Word desde hace mucho, llamado **Ir a**.

Ir a es una ficha que forma parte del cuadro de diálogo **Buscar y reemplazar**.

Para activar **Ir a** dentro del cuadro de diálogo Buscar y reemplazar

1. Clic en la ficha **Inicio**.

2. Dentro del grupo **Editar**, clic en la flecha del comando **Buscar**. Se despliega un menú de opciones.

3. Clic en **Ir a**.

O

1. Active el panel de navegación.

2. Al extremo derecho del cuadro de búsqueda, clic en la flecha ubicado a la derecha del **icono de lupa** (**Buscar**), tal como lo muestra la Figura 4. 4.

3. Clic en **Ir a**.

Figura 4. 4. Menú de opciones del cuadro de búsqueda.

También puede pulsar Ctrl+I.

El cuadro de diálogo **Buscar y reemplazar** (vea la Figura 4. 5) se abre con la ficha **Ir a** activa. En la sección **Ir a** puede ver una lista de opciones que le permite navegar por su documento a través de diversos elementos: Página, Sección, Gráfico, Tabla, etc.

Para desplazarse por las páginas seleccione **Página**, y en el cuadro **Número de la página**, escriba el número de la página al cual quiere dirigirse, por ejemplo **115**, y clic en el botón **Ir a**. Word lo lleva al principio de la página 115.

*Figura 4. 5. Cuadro de diálogo Buscar y reemplazar con la ficha **Ir a** activa.*

Hazlo tú mismo

En este ejercicio aprenderá a desplazarse por el contenido de su documento, usará las teclas direccionales, luego ejecutará técnicas con **AvPág** y **RePág**, aprenderá a seleccionar textos y dirigirse a diversas páginas dentro del documento. Se usará el archivo **Plan de trabajo.docx** ubicado en **C: | OfficeData | Capítulo 4**.

1. Abrir el documento **Plan de trabajo.docx**.

2. Pulse la tecla `Fin`. Observe que el punto de inserción se encuentra al final del título **Plan de trabajo**.

3. Pulsa la tecla `Inicio`. Ahora, el punto de inserción se coloca al inicio del título.

4. Pulse la tecla direccional derecha cuatro veces. El punto de inserción se coloca al final de la palabra **Plan**.

5. Pulse `Ctrl+Fin`. El punto de inserción se coloca al final del documento.

6. Pulsa `Ctrl+Inicio`. El punto de inserción nuevamente se coloca al inicio del documento.

7. Pulse `Ctrl+derecha` tres veces. El punto de inserción se va colocando al inicio de cada palabra. Al terminar, el punto de inserción se coloca al final del texto *Plan de trabajo*.

8. Cambie el zoom del documento a **100%.**

9. Pulsa la tecla `Av.Pág`. Se muestra la segunda parte del contenido en la misma página. Esto se debe al nivel de zoom que tiene el documento.

10. Pulsa otra vez la tecla `Av.Pág`. Se muestra la primera parte de la segunda página.

11. Pulsa `Re.Pág`. Con esta acción, regresará a la segunda parte de la página anterior.

12. Abra el cuadro de diálogo **Buscar y reemplazar** con la ficha **Ir a** activa.

13. Usando este cuadro de diálogo, diríjase a la **página 3**.

14. Cierre el cuadro de diálogo **Buscar y reemplazar** y ahora sitúese al principio del documento.

15. Pulsando la tecla `Mayús`, clic al final del texto `Plan de trabajo`. Con esta acción ha seleccionado el texto.

16. Pulse `Ctrl+N` para aplicar **Negrita**.

17. Guarde los cambios, pero no cierre el documento.

Hazlo tú mismo

En este ejercicio navegará por el panel de navegación, buscará algunos textos y revisará resultados.

> *Continuará usando el documento del ejercicio anterior:*

1. Active el **Panel de navegación**.

2. Desplácese al título **Plan 3: Vender el curso...** Revise su barra de estado y vea que el título se encuentra en la **página 2**.

3. Desplácese al título **P1**.

4. Busque la palabra: `adsense`.

   Vea que los resultados de la búsqueda lo dirigen a la página donde se encuentra la palabra buscada y la resalta. También, revise en el panel de navegación cuántas veces se encontró la palabra `adsense`.

5. Cancele la búsqueda de la palabra `adsense`.

6. Busque la palabra: `youtube`.

   Usando la ficha **Páginas**, revise en qué páginas se encuentra la palabra buscada. Además, revise cuántas veces se repite.

7. Usando la ficha **Resultados**, desplácese al último párrafo donde se encuentra la palabra `youtube`.

8. Guarde los cambios de ser necesario y cierre el documento.

Vistas de un documento

Cuando crea un documento nuevo este se muestra en una vista por defecto llamada Diseño de impresión. Puede hacer de todo con esta vista y concluir su trabajo sin ningún problema. Sin embargo, debe saber que existen otros tipos de vistas que pueden ayudarle a terminar su trabajo de manera más rápida y práctica. Entre las otras vistas que posee Word 2016 están: Vista de lectura, Diseño web, Borrador y Esquema.

Para dar lectura y revisar un documento extenso y evitar confundirse con todos los elementos de la interfaz de usuario, puede usar la vista *Modo de lectura*. Para escribir, revisar y aplicar formatos básicos a sus textos, puede elegir una vista rápida llamada *Borrador*. Para trabajar con documentos que contienen gráficos, ecuaciones y otros elementos que no son textos, donde el diseño del documento es sumamente importante, elija la vista *Diseño de Impresión*. Si el destino del documento es estar en línea (Internet o intranet), la vista *Diseño Web* quitará ciertos elementos de la pantalla que se orientan a los documentos impresos, permitiéndole ver sus textos tal y como aparecerán en un navegador web. Para organizar y gestionar un documento, la vista *Esquema* proporciona herramientas eficaces que le permiten mover una sección completa alrededor del documento sin tener que copiar, cortar o pegar.

Para cambiar a la mayoría de las vistas mencionadas en esta sección, debe hacer clic en la ficha **Vista**, y en el grupo **Vistas**, elegir la vista adecuada, tal como lo muestra la Figura 4. 6. También, puede usar el **área de herramientas Vista** ubicado a la izquierda del deslizador de zoom en la barra de estado.

Figura 4. 6. Grupo Vistas.

EJERCICIO En este ejercicio aprenderá a trabajar con la vista **Modo de lectura**. Utilice el documento **Contenidos.docx** ubicado en **C: | OfficeData | Capítulo 4**.

1. Abrir el documento **Contenidos.docx**.

2. Clic en la ficha **Vista** y en el grupo **Vistas**, seleccione **Modo de lectura**.

   Observe cómo Word muestra una manera más cómoda para leer y revisar el documento. Por defecto, esta vista presenta dos páginas.

3. Al extremo derecho de la ventana, clic en la flecha que apunta a la derecha. Esta acción le permite ir a la siguiente página.

4. En la parte superior de la ventana, clic en el menú **Vista**, señale **Color de página** y clic en **Inverso,** tal como lo muestra la Figura 4. 7.

   Observe cómo cambia el color de la página de lectura.

5. Para desactivar el color de una página, clic nuevamente en el menú **Vista** | **Color de Página** | **Ninguno**.

6. Para ver una sola página, clic en el menú **Vista** | **Ancho de columna** | **Ancho**.

7. Para regresar a la vista diseño de impresión, clic en **Vista** y luego clic en **Editar documento**.

8. Cierre el documento sin guardar los cambios.

Figura 4. 7. Cambiar el color de página en la vista de lectura.

EJERCICIO En este ejercicio aprenderá a usar la vista **Esquema**. Utilice el documento **Esquema.docx** ubicado en **C:** | **OfficeData** | **Capítulo 4**.

1. Clic en la ficha **Vista** y en el grupo **Vistas**, clic en **Esquema**.

   Se muestra una estructura jerárquica del documento. Además, note que en la cinta de opciones acaba de aparecer una ficha llamada **Esquema**, tal como lo muestra la Figura 4. 8.

Figura 4. 8. Ficha Esquema en la Cinta de opciones.

2. Active la ficha **Esquema** de ser necesario y en el grupo **Herramientas de esquema**, clic en la flecha de *Mostrar nivel*.

3. Clic en **Nivel 2**.

   Se contrae el contenido del documento solo para mostrar los niveles 1 y 2, tal como lo muestra la Figura 4. 9.

Figura 4. 9. Niveles 1 y 2 del documento en la vista Esquema.

4. Clic en alguna parte del título *Agregar Gadgets al escritorio*.

5. En el grupo **Herramientas de esquema**, clic sobre el comando *Subir*.

   El título sube una posición.

6. En **Mostrar nivel**, cambie a **Nivel 1**.

   Su documento muestra solo los títulos principales del documento.

7. Clic en alguna parte del título *El escritorio de Windows* y clic en el comando **Bajar** tres veces.

   Ahora, el título *El escritorio de Windows* se posiciona como último título.

8. En **Mostrar nivel**, cambie a **Nivel 2**.

   El título *El Escritorio de Windows 7* no solo cambió de posición, también lo hicieron sus títulos que están por debajo, como *Agregar Gadgets al escritorio* y *Nueva forma de mostrar y ocultar...*

9. Para regresar a la vista diseño de impresión, en la ficha **Esquema**, en el grupo **Cerrar**, clic en *Cerrar vista Esquema*.

10. Cierre su documento guardando los cambios.

Escribir en Word

Escribir en Word es fácil, simplemente debe tomar como un punto de inicio la barrita parpadeante llamado **punto de inserción**. Cuando escribe, el punto de inserción va dirigiéndose a la derecha.

Cuando ya no existe el espacio suficiente para continuar en la misma línea de párrafo, automáticamente se crea una nueva línea dentro del párrafo y el punto de inserción baja para continuar con la escritura.

Bienvenido a Word 2016 —— Punto de inserción

I —— Cursor

Figura 4. 10. Terminología en Word.

Si ha cometido un error mientras escribía y decide borrarlo, puede utilizar dos teclas: *Backspace* (*Retroceso*) y *Delete* (*Suprimir*).

Cuando el punto de inserción se encuentra a la derecha de un carácter, puede usar *Retroceso* para borrarla; si el punto de inserción se encuentra a la izquierda, utilice *Suprimir*.

Líneas, párrafos y contar palabras

Para Word, todo lo que tenga texto es considerado un párrafo. Por ejemplo, puede escribir solo su nombre y Word lo contará como ***párrafo 1***. Tenga en cuenta que, un párrafo puede estar constituido por varias líneas de texto tal como lo muestra la Figura 4. 11.

Figura 4. 11. Párrafos y líneas.

Por otro lado, Word tiene un recuento de las palabras que usa en el documento. La **barra de estado** es un buen referente para saber cuántas palabras tiene el documento; además de revisar las secciones, ver la cantidad de páginas y líneas de texto usadas.

Figura 4. 12. Barra de estado de Word 2016.

¿Por qué debería tener en cuenta este tipo de información?, por ejemplo, cuando quiere mandar a traducir un documento, la mayoría de traductores profesionales cobran sus servicios por palabra, mas no por páginas. Por eso mismo, saber el número de palabras en un documento le ayudará a calcular su inversión en una traducción. También, puede necesitar esta información cuando tenga que escribir un ensayo.

Además, puede usar el cuadro de diálogo **Contar palabras** (vea la Figura 4. 13) para ver no solo el conteo de palabras, sino también la cantidad de páginas, líneas de texto, párrafos y otros datos que no aparecen en la barra de estado.

Para activar el cuadro de diálogo **Contar palabras**

1. Clic en la ficha **Revisar**.

2. En el grupo **Revisión**, clic en el comando **Contar palabras**.

   Se abre el cuadro de diálogo **Contar palabras**.

3. Dentro del cuadro de diálogo **Contar palabras**, revise el conteo de páginas, palabras, caracteres con y sin espacios, párrafos y líneas.

*Figura 4. 13. Cuadro de diálogo **Contar palabras**.*

Seleccionar Textos

El cursor es ese objeto flotante que puede controlarse al mover el mouse y este cambia como si fuese un camaleón cada vez que se realiza una acción. Por ejemplo, mientras el cursor se encuentra en medio de la página, tomará la forma del número uno en romano, y cuando lo lleve a la cinta de opciones, este cambiará por una flecha que apunta a la izquierda.

Cuando lleva el cursor dentro del margen izquierdo de la página conocida como **área de selección**, notará que el cursor de flecha apunta a la derecha, esto indica que puede seleccionar textos. La siguiente lista detalla la acción de cada clic cuando coloca el puntero en el área de selección:

- **Un clic:** Selecciona toda la línea de texto.

- **Doble clic:** Selecciona el párrafo completo.

- **Triple clic:** Selecciona el documento completo.

El cursor cambia dependiendo de donde se encuentre

Figura 4. 14. Cursor al lado izquierdo del texto.

EJERCICIO En este ejercicio aprenderá diversas formas de seleccionar el contenido de su documento. Abrir el documento **TrabajoconTextos.docx** en **C: | OfficeData | Capítulo 4**.

1. En el titulo *Libro de Cosmetología*, doble clic sobre la palabra *Libro*.

    Se selecciona solo la palabra.

2. Clic en algún lugar del texto para que la palabra *Libro* deje de estar seleccionada.

3. Clic tres veces en la palabra *Libro*.

    Ahora se selecciona la línea y/o párrafo completo.

4. Clic sin soltar sobre la línea seleccionada y arrástrelo por debajo del texto *Peinados*.

    Acaba de cambiar la posición del texto seleccionado, tal como lo muestra la Figura 4. 15.

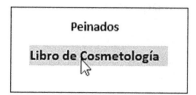

Figura 4. 15. Texto cambiado de posición.

5. En la **Barra de herramientas de acceso rápido**, clic en el comando **Deshacer.**

    El texto regresa a su estado anterior.

6. Coloque el puntero del mouse en el **área de selección** al inicio del tercer párrafo.

   El puntero cambia apuntando a la derecha.

7. Clic sobre el área de selección.

   La primera línea del párrafo se selecciona.

8. Use doble clic sobre el área de selección para el mismo párrafo.

   El párrafo completo se ha seleccionado, tal como lo muestra la Figura 4. 16.

Figura 4. 16. Selección del tercer párrafo.

9. Use triple clic sobre el área de selección. Luego, desplácese hasta el final del documento y notará que todo el contenido ha sido seleccionado.

10. Desplácese hasta ver una lista numerada en la página 1. Luego, clic sobre algún lugar de esa lista para dejar de seleccionar todo el documento.

11. Seleccione el índice 3 *Velocidad de secado* y pulse **Suprimir**.

    El texto es borrado y la lista se renumera.

12. Doble clic sobre el texto del índice 1 para seleccionarlo y luego, escriba:
    `Potencia`.

Note que, no tuvo que borrar el texto seleccionado para agregar el nuevo texto.

1.	Potencia
2.	Caudal de aire
3.	Botón de aire frío
4.	Generador de iones

Figura 4. 17. Cambiar el texto en una lista.

13. Guarde los cambios y cierre su documento.

Cortar, Copiar y Pegar

Lo genial de trabajar con un procesador de textos y no con una máquina de escribir es que puede tener el control de sus textos sin miedo a equivocarse. Puede copiar un texto hacia otro lado del documento o simplemente cortarlo y llevarlo a otra posición, todo ello lo puede hacer con los comandos del grupo **Portapapeles** en la ficha **Inicio**.

Figura 4. 18. Grupo Portapapeles en la ficha Inicio.

Este grupo presenta cuatro principales comandos:

- **Cortar:** Utilice el comando **Cortar** cuando necesite mover un texto, párrafo o algún otro elemento hacía otro lugar dentro del mismo documento o hacia otros documentos. También puede usar la combinación de teclas `Ctrl+X`.

- **Copiar:** Con el comando Copiar puede tener una copia idéntica de un texto, párrafo o algún otro elemento. Puede reutilizar la copia una y otra vez en cualquier otro documento u otra aplicación. También puede usar la combinación de teclas `Ctrl+C`.

- **Pegar:** Cuando utiliza los comandos **Copiar** o **Cortar**, necesitará llevar a cabo una acción más, el cual es insertar aquellos elementos que están en memoria, para ello debe usar el comando **Pegar**. También puede pulsar `Ctrl+V`.

- **Copiar Formato:** Solo copiará el formato del texto, párrafo u objeto seleccionado dentro del mismo documento. También puede pulsar `Ctrl+Mayús+C`.

> *Puede usar clic derecho para desplegar el menú contextual donde se encuentran las opciones Copiar, Cortar y Pegar.*

Para llevar a cabo las acciones de cortar, copiar, pegar y/o copiar formato, siga estos pasos:

Para mover un elemento

1. Seleccione el texto, párrafo u objeto que quiera cortar.

2. En la ficha **Inicio**, grupo **Párrafo**, clic en **Cortar** o pulse `Ctrl+X`.

3. Clic en la posición donde quiere que aparezca el elemento cortado.

4. En la ficha **Inicio**, grupo **Párrafo**, clic en **Pegar** o pulse `Ctrl+V`.

Para tener una o más copias de un elemento

1. Seleccione el texto, párrafo u objeto que quiera copiar.

2. En la ficha **Inicio**, grupo **Párrafo**, clic en **Copiar** o pulse `Ctrl+C`.

3. Clic en la posición donde quiere que aparezca el elemento copiado.

4. En la ficha **Inicio**, grupo **Párrafo**, clic en **Pegar** o pulse `Ctrl+V`.

5. Si desea, puede seguir pegando el mismo elemento en otro lugar del documento.

Para copiar el formato de un elemento

1. Seleccione el texto, párrafo u objeto que tenga un formato que quiera copiar.

2. En la ficha **Inicio**, grupo **Párrafo**, clic en **Copiar formato** o pulse *Ctrl+Mayús+C.*

3. Seleccione el texto, párrafos o el objeto que heredará el formato, o pulse *Ctrl+Mayús+V.*

> *El procedimiento de Copiar formato solo funciona una vez por elemento, si quiere copiar el mismo formato a otro elemento, debe volver a hacer clic sobre el comando. Para evitar este arduo trabajo, puede hacer doble clic sobre Copiar formato y podrá usarlo cuántas veces quiera.*

Aplicar formato de fuente

Con Word 2016 puede aplicar diversos formatos a sus textos, desde aplicar negrita hasta un efecto de texto que sea vea bien en el documento. Para aplicar cualquiera de los diversos formatos, lo único que debe hacer es seleccionar el texto y luego hacer clic en alguno de los comandos del grupo **Fuente**, en la ficha **Inicio**.

Figura 4. 19. Grupo Fuente, dentro de la ficha Inicio.

> *Tenga en cuenta que, si no tiene experiencia con Word o con otras aplicaciones, puede usar el puntero del mouse para señalar los botones de la cinta de opciones, y ver un screentip del nombre y el método abreviado que puede usar para aplicar ese comando.*

La siguiente lista describe los comandos del grupo Fuente:

- **Fuente**: Permite elegir los diversos tipos de fuente (tipos de letra) que se pueden aplicar a los textos. Las fuentes tienen que ver mucho con los tamaños de fuente, ya que cada una de ellas tiene un tamaño distinto.

- **Tamaño de fuente:** Es imprescindible aplicar el tamaño adecuado a los textos para que puedan ser mejor vistos a la hora de imprimirlos.

- **Negrita (`Ctrl+N`):** Un texto con **Negrita**, hace que el texto resalte como algo importante dentro del documento.

- **Cursiva (`Ctrl+K`):** *Cursiva* resalta el texto como un elemento secundario dentro de un documento.

- **Subrayado (`Ctrl+S`):** Utilice *Subrayado* cuando quiera resaltar un título, o quizá un texto al que quiera dar énfasis.

- **Color de Fuente:** Cuando trabaje con documentos que necesitan tener un toque colorido, no dude en usar el *Color de fuente*. Por defecto, se aplica el color rojo. Si hace clic en la flecha del comando Color de fuente, podrá ver una paleta de colores con más opciones que elegir.

- **Resaltado:** Así como utiliza un marcador, utilice el resaltador para llamar la atención del lector o simplemente resaltar un texto importante.

- **Borrar Formato (`Ctrl+Barra Espaciadora`):** Permite borrar el formato de un texto.

- **Tachado:** Utilice *Tachado* cuando quiera indicar al lector o revisor, que el texto no estará en el documento o que puede ser cambiado por otro.

- **Efectos de texto:** Aplique efectos de texto a las propias fuentes para darle más énfasis a ciertos sectores de su documento. Entre los efectos de texto incluyen sombras, reflexiones, iluminaciones y más.

- **Subíndice y Superíndice:** Estos dos comandos de formato son muy utilizados por varios usuarios cuando necesita crear estructuras de cadenas químicas o matemáticas. Por ejemplo, cuando aplica subíndice, el texto disminuye de tamaño y se posiciona debajo de un texto común (H_2O), al contrario de superíndice que se va encima del texto (5^2).

- **Cambiar Mayúsculas y Minúsculas:** Permite cambiar el texto entre mayúsculas y minúsculas, además de obtener otras opciones. Puede pulsar `Mayús+F3` para ahorrar tiempo en los cambios entre mayúsculas y minúsculas.

- **Aumentar y Disminuir Tamaño de Fuente:** Estos dos comandos permiten agrandar o reducir el tamaño de fuente respectivamente.

Siga estos pasos para aplicar formato a sus textos seleccionados:

Para cambiar el tipo de fuente del texto seleccionado

1. En la ficha **Inicio**, grupo **Fuente**, clic en la flecha del desplegable **Fuente**.

2. Desplácese por el menú de opciones y clic en la fuente que desee.

Figura 4. 20. Desplegable Fuente.

Para cambiar el tamaño de fuente del texto seleccionado

1. En la ficha **Inicio**, grupo **Fuente**, clic en la flecha del desplegable **Tamaño de Fuente**.

2. Desplácese por el menú de opciones y clic en el tamaño de fuente que desee.

O

1. En la ficha **Inicio**, grupo **Fuente**, clic en el cuadro **Tamaño de Fuente**.

2. Escriba el número de tamaño que desea aplicar. Puede incluir decimales como 10.5.

3. Pulse *Enter* para aceptar el número.

O

1. Pulse **Ctrl+Mayús+>** para aumentar el tamaño de fuente, y **Ctrl+<** para disminuirlo.

o

1. Use los botones **Aumentar tamaño de fuente** y/o **Disminuir tamaño de fuente**.

Para aplicar Negrita, Cursiva y/o Subrayado al texto seleccionado

1. En la ficha **Inicio**, grupo **Fuente**, clic en el botón **Negrita**, **Cursiva** o **Subrayado**.

o

1. Pulse *Ctrl+N* para **Negrita**, *Ctrl+K* para **Cursiva**, o *Ctrl+S* para **Subrayado**.

Para aplicar color de Subrayado al texto seleccionado

1. En la ficha **Inicio**, grupo **Fuente**, clic en la flecha del botón **Subrayado**.

2. Señale la opción **Color de subrayado**. Se despliega una paleta de colores.

3. Clic en el color que desee.

4. Luego, aplique un estilo de subrayado diferente si lo requiere.

Para aplicar otro estilo de Subrayado al texto seleccionado

1. En la ficha **Inicio**, grupo **Fuente**, clic en la flecha del botón **Subrayado**.

2. Clic en el estilo de subrayado que desee.

Figura 4. 21. Estilos de subrayado.

Para aplicar un Color de fuente al texto seleccionado

1. En la ficha **Inicio**, grupo **Fuente**, clic en la flecha del botón **Color de fuente**. Se despliega una paleta de colores.

2. Dentro de la paleta, clic en el color que desee.

Para borrar el formato del texto seleccionado

- Clic en el botón **Borrar todo el formato**.

- Pulse *Ctrl+Barra Espaciadora*.

Para cambiar entre mayúsculas y minúsculas al texto seleccionado

1. Clic en el botón **Cambiar mayúsculas y minúsculas**.

2. Seleccione algunas de las opciones disponibles: *Tipo de oración, minúscula, MAYÚSCULAS, Poner En Mayúsculas Cada Palabra* y *Alternar MAY/min*.

Figura 4. 22. Opciones del desplegable Cambiar mayúsculas y minúsculas.

O

1. Pulse *Mayús+F3*. Pulsar varias veces para obtener diferentes resultados.

Para resaltar un texto

- Seleccione el texto que quiera resaltar y haga clic en el botón **Color de resaltado de texto**. El texto queda resaltado con el color por defecto.

- Clic en la flecha del botón **Color de resaltado de texto** y seleccione el color con el que quiera resaltar el texto.

Para aplicar Subíndice y Superíndice al texto seleccionado

- Clic en el botón **Subíndice**.

- Clic en el botón **Superíndice**.

Para aplicar Efectos de texto y/o tipografía al texto seleccionado

1. Clic en el botón **Efectos de texto y tipografía**. Se despliega una galería de opciones.

2. Clic en alguna opción de la galería.

3. De ser necesario, señale algunas de las opciones de efectos como **Esquema**, **Sombra** o **Iluminado**.

4. Clic en el efecto que desee.

Figura 4. 23. Galería desplegable del botón Efectos de texto y tipografía.

Usar el cuadro de diálogo Fuente

El grupo **Fuente** tiene más potencial de lo que puede ver. Existen comandos y opciones que no están a simple vista, por ello, este grupo posee un **Iniciador de cuadro de diálogo** donde encontrará comandos clásicos como: *versales*, *texto oculto* o el *espaciado entre textos*.

Para abrir el cuadro de diálogo Fuente

- Clic en el **Iniciador de cuadro de diálogo** del grupo **Fuente**.

- Pulse `Ctrl+M`.

El cuadro de diálogo **Fuente** presenta dos fichas tal como lo muestra la Figura 4. 24:

- **Fuente:** Incluye los comandos del grupo **Fuente** junto a los comandos *Versales*, *Oculto* y *Doble tachado*.

- **Avanzado:** Esta ficha se divide en dos secciones. En la sección *Espaciado entre caracteres* podrá escalar, espaciar y posicionar los textos, además de aplicar un interletraje. En la sección *Características OpenType*, podrá aplicar ligaduras y otros formatos aplicados a los números.

Figura 4. 24. Cuadro de diálogo Fuente. Ficha Fuente (izquierda), ficha Avanzado (derecha).

Aplicar formato a los párrafos

Los párrafos están por todo el documento. Un párrafo es considerado como tal cuando ingresa cualquier texto y luego pulsa `Enter`. Una manera rápida de ver los párrafos en el documento es mostrando las marcas de párrafo. Podrá notar que al final de cada párrafo hay un símbolo de **P** invertida, tal como lo muestra la Figura 4. 25.

Muchos de los comandos que necesita para aplicar formato a los párrafos se encuentran en el grupo **Párrafo** de la ficha **Inicio**.

Para activar las marcas de párrafo

- En la ficha **Inicio**, grupo **Párrafo**, clic en el botón **Mostrar todo**.

- Pulsar `Ctrl+Mayús+ (.`

- Él· es· un· apasionado· de· la· tecnología,· y· ha· escrito· libros· y· artículos· para· varias· editoriales,· universidades,· sitios· web· y· también· para· otros· autores.· La· nueva· serie· Paso· a· Paso· -libros· sobre· informática-· es· la· nueva· apuesta· del· autor,· y· lanzado· exclusivamente·para·las·ventas·online.¶ ————————————————— Marca de párrafo

- En· sus· tiempos· libres· escribe· novelas· y· trabaja· como· actor,· director· y· guionista;· escribiendo·comerciales,·películas·y·videoclips.¶ ————————————— Marca de párrafo

- Visite·su·canal·en·YouTube:·¶ ————————————————————————— Marca de párrafo

Figura 4. 25.Marcas de párrafo en un documento.

Alinear los párrafos

Una de las tareas de formato más comunes para los párrafos es alinearlos dentro de un documento. Tenga en cuenta que las alineaciones no se detienen con solo alinearlos a la izquierda, derecha o al centro, también incluye el aumento y disminución de la sangría.

La siguiente lista describe los comandos de alineación del grupo Párrafo:

- **Alinear a la Izquierda (**$Ctrl+Q$**):** Alinea el texto hacia el margen izquierdo, con un margen derecho sin alinear.

- **Alinear a la derecha (**$Ctrl+D$**):** Alinea el texto hacia el margen derecho, con un margen izquierdo sin alinear.

- **Centrar (**$Ctrl+T$**):** Alinea el punto medio de cada línea de párrafo con el centro horizontal de la página.

- **Justificar (**Ctrl+J**):** Alinea el texto nivelándolo tanto con el margen izquierdo y derecho de la página.

- **Disminuir Sangría:** Acerca el párrafo al margen.

- **Aumentar Sangría:** Aleja el párrafo del margen.

Las alineaciones también se pueden aplicar a otros elementos, como gráficos o tablas. El funcionamiento de las alineaciones también está basado a un área específica, esto significa que puede alinear un párrafo si este está dentro de una celda de alguna tabla.

Para aplicar estos comandos no es necesario seleccionar el párrafo completo. Bastará con hacer clic en alguna parte del párrafo y a continuación clic en el botón que desee.

Cambiar el espacio entre líneas y párrafos

Todo párrafo tiene dos tipos de espacio: el espacio entre líneas y el espacio entre párrafos. En Word, puede cambiar los espacios entre líneas a través del comando **Interlineado**; sin embargo, para cambiar los espacios entre párrafos, el procedimiento es ligeramente diferente.

A menudo los usuarios confunden el interlineado con el espacio entre párrafos, provocando una gran frustración a la hora de trabajar con sus documentos. El Interlineado solo cambia el espacio entre las líneas de un mismo párrafo con un espacio por defecto de *1.08*.

Por otro lado, el espaciado entre párrafos se define a través de la ficha **Formato**, dentro del grupo **Párrafo**, o activando el cuadro de diálogo **Párrafo**. Entre cada párrafo hay dos espacios, el **Antes** y el **Después**. Por defecto, cada párrafo tiene un espacio **Antes** de *0 ptos* y **Después** de *8 ptos*.

Para aplicar Interlineado a un Párrafo

1. Clic en el párrafo que desea aplicar un interlineado.

2. En la ficha **Inicio**, grupo **Párrafo**, clic en el botón **Interlineado**. Se despliega un menú de opciones.

3. Seleccione el espacio que necesita.

Figura 4. 26. Menú desplegable de Interlineado.

Para aplicar Interlineado desde el cuadro de diálogo Párrafo

1. Clic en el párrafo que desea aplicar un interlineado.

2. En la ficha **Inicio**, grupo **Párrafo** realice cualquiera de las siguientes acciones para abrir el cuadro de diálogo **Párrafo**:

- Clic en el botón **Interlineado** y seleccione **Opciones de interlineado**.

- Clic en el Iniciador de cuadro de diálogo del grupo **Párrafo**.

3. En la sección **Espaciado**, clic en el desplegable **Interlineado**.

4. Seleccione entre las opciones: *Sencillo, 1.5 líneas, Doble, Mínimo, Exacto* y *Múltiple*.

5. Use el cuadro **En** para agregar el espacio manualmente.

6. Clic en **Aceptar** del cuadro de diálogo **Párrafo**.

Figura 4. 27. Opciones de Interlineado en el cuadro de diálogo Párrafo.

Para aplicar un espacio Antes y Después del párrafo

1. Clic en el párrafo que quiera aplicar espaciado.

2. Clic en la ficha **Formato**.

3. Dentro del grupo **Párrafo**, cambie los valores de los cuadros **Antes** y **Después**.

o

1. Clic en el párrafo que quiera aplicar espaciado.

2. Abrir el cuadro de diálogo **Párrafo** de la siguiente manera:

- Clic en la ficha **Formato**, y en el grupo **Párrafo**, clic en el **Iniciador de cuadro de diálogo**.

- Clic en la ficha **Inicio**, y en el grupo **Párrafo**, clic en el **Iniciador de cuadro de diálogo**.

3. En la sección **Espaciado**, cambie los valores de los cuadros **Anterior** y **Posterior**.

4. Clic en **Aceptar** del cuadro de diálogo **Párrafo**.

Figura 4. 28. Cuadro de diálogo Párrafo.

Para agregar o quitar espacio Antes y/o Después del párrafo

1. Clic en el párrafo que quiera agregar o quitar espaciado.

2. En la ficha **Inicio**, en el grupo **Párrafo**, clic en el botón **Interlineado**.

3. Dependiendo de si el párrafo tiene o no espaciado elija alguna de las opciones disponibles:

   • **Agregar espacio antes del párrafo**

   • **Quitar espacio antes del párrafo**

   • **Agregar espacio después del párrafo**

   • **Quitar espacio después del párrafo**

Para cambiar el Interlineado y Espaciado a todo el documento

1. Clic en la ficha **Diseño** y en el grupo **Formato del documento**, clic en el botón **Espaciado entre párrafos**. Se despliega un menú de opciones.

2. Señale cada estilo de la sección **Integrado** para saber el espaciado que se aplicará.

3. Clic en alguno de los estilos disponibles.

Figura 4. 29. Opciones de Espaciado entre párrafos.

Aplicar sangrías

El sangrado se refiere a agregar espacio extra entre el párrafo y el margen - izquierdo o derecho- de la página. Ya pudo dar un primer vistazo a las sangrías en el tema **Alinear los párrafos** anteriormente en este capítulo, donde aplicó los comandos **Disminuir** y **Aumentar** sangría. Sin embargo, no son las únicas sangrías. Word presenta cuatro tipos de sangrías: *Izquierda, derecha, primera línea* y *francesa*.

Hay varias formas de aplicar sangrías, una de ellas es a través de la regla horizontal, y otra desde el cuadro de diálogo **Párrafo**. La regla horizontal, mostrada en la Figura 4. 30, proporciona una forma adecuada -usando el mouse- para aplicar los cuatro tipos de sangrías.

Figura 4. 30. Partes de la regla horizontal.

A diferencia de las sangrías izquierda y derecha, donde el párrafo completo se aleja de los márgenes de la página, una sangría de primera línea da un espacio que se aplica solo a la primera línea del párrafo, mientras que la sangría francesa aplica un espacio a partir de la segunda línea del párrafo en adelante, dejando la primera línea sin sangrar.

Para aplicar sangría izquierda y/o derecha

1. Clic en el párrafo al que quiera aplicar sangría.

2. Clic en la ficha **Formato.**

3. En el grupo **Párrafo**, realice alguna de las acciones:

   - Clic en el cuadro **Izquierda** y cambie el valor.

   - Clic en el cuadro **Derecha** y cambie el valor.

o

1. Clic en el párrafo al que quiera aplicar sangría.

2. Active el cuadro de diálogo **Párrafo**.

3. En la sección **Sangría**, realice alguna de las acciones:

   - Clic en el cuadro **Izquierda** y cambie el valor.

   - Clic en el cuadro **Derecha** y cambie el valor.

4. Clic en **Aceptar** del cuadro de diálogo Párrafo.

o

1. Clic en el párrafo al que quiera aplicar sangría.

2. En la regla horizontal, realice alguna de las acciones:

   - Mueva el botón **Sangría izquierda** a la derecha hasta posicionarlo en la medida que usted quiera.

   - Mueva el botón **Sangría derecha** a la izquierda hasta posicionarlo en la medida que usted quiera.

Para aplicar Sangría de primera línea y/o Francesa

1. Clic en el párrafo al que quiera aplicar sangría.

2. Active el cuadro de diálogo **Párrafo**.

3. En la sección **Sangría**, clic en el cuadro desplegable **Especial** y realice alguna de las acciones:

    •   Clic en **Primera línea** y cambie el valor en el cuadro **En**.

    •   Clic en **Sangría francesa** y cambie el valor en el cuadro **En**.

4. Clic en **Aceptar** del cuadro de diálogo **Párrafo**.

Figura 4. 31. Opciones de la sección Sangría en el cuadro de diálogo Párrafo.

o

1. Clic en el párrafo al que quiera aplicar sangría.

2. En la regla horizontal, realice alguna de las acciones:

    •   Mueva el botón **Sangría de primera línea** a la derecha hasta posicionarlo en la medida que usted quiera.

    •   Mueva el botón **Sangría francesa** a la derecha hasta posicionarlo en la medida que usted quiera.

Hazlo tú mismo

En este ejercicio, aplicará formatos básicos a sus textos, copiará formato, y luego aplicará alineaciones y sangrías. Se usará el archivo **Formato.docx** ubicado en **C: | OfficeData | Capítulo 4.**

*Abrir el documento **Formato.docx**.*

1. Seleccione el texto `El Oso de Anteojos` y aplique:

- Fuente `Corbel`.

- Tamaño de fuente de `20ptos`.

- Color de fuente *Púrpura*.

- Atributo **Negrita**.

2. Seleccione el texto `(Tremarctos ornatus)` y aplique:

   - Fuente `Cambría`

   - Color de fuente `Azul`.

   - Tamaño de fuente de `14 ptos`.

3. Seleccione el texto `Características` -debajo de la imagen- y aplique:

   - Atributo `Negrita`, `Cursiva`.

   - Subrayado `doble` color `Azul`.

   - Tamaño de fuente `17 ptos`.

4. Aplique el mismo formato del texto `Características` al texto `Distribución` con un solo comando.

5. Alinee la imagen del `Oso de anteojos` a la derecha de la página.

6. Alinee el título -El Oso de anteojos- y el subtítulo –(Tremarctos ornatus)- al centro de la página.

7. Aplique un espaciado posterior de `0 ptos` para el título `Oso de anteojos`.

8. Aplique al párrafo `El oso de anteojos (Tremarctos ornatus), también conocido como...` lo siguiente:

   - Alineación `derecha`.

   - Sangría derecha de `2.3 cm`.

   - Interlineado `Exacto`.

9. Guarde los cambios y cierre el documento.

Trabajar con listas

Para resumir la información en sus documentos, facilitar la comprensión, y mejorar la asimilación del contenido para los lectores, puede usar listas. Hay listas con números, y listas con viñetas. Si tiene información secuencial, las listas con números permiten que el lector se guíe paso a paso por el contenido de la lista; sin embargo, si no tiene que preocuparse por la secuencia del contenido, es preferible utilizar listas con viñetas.

Puede crear dos tipos de listas: de un solo nivel, y de varios niveles. Las listas de un solo nivel tienen la misma jerarquía y el mismo espacio de sangría; por otro lado, las listas de varios niveles conocidas como listas multinivel, pueden tener diversas jerarquías y espacios de sangría.

La Figura 4. 32 muestra la diferencia entre las listas de un solo nivel y de varios niveles.

Figura 4. 32. Listas de un solo nivel (izquierda) y de dos niveles (derecha)

Para empezar a crear una lista con viñetas o números desde cero

1. Sitúese en la posición donde empezará la lista.

2. Realice alguna de estas acciones:

   - **Para Viñeta:** Añada un asterisco (*), seguido de un espacio y luego agregue el texto que desea.

   - **Para Numeración:** Añada el número uno y un punto (1.), seguido de un espacio y luego agregue el texto que desea.

- **Para Numeración Romana:** Añada la letra *i* mayúscula y un punto (*I.*), seguido de un espacio y luego agregue el texto que desea.

- **Para Numeración Alfabética:** Añada la letra **a** mayúscula o minúscula y un punto (**A.**), seguido de un espacio y luego agregue el texto que desea.

3. Después de agregar el texto, pulse **Enter** para continuar con la lista.

Para aplicar Viñetas o Numeración al texto Seleccionado

1. Clic en la ficha **Inicio**.

2. En el grupo **Párrafo**, realice alguna de estas acciones:

   - Clic en el botón **Viñetas**.

   - Clic en el botón **Numeración**.

Para elegir un estilo diferente de viñetas al texto seleccionado

1. En la ficha **Inicio**, en el grupo **Párrafo**, clic en la flecha del botón **Viñetas**.

2. En la lista desplegable, clic en el estilo de viñetas que desee.

Figura 4. 33. Estilos de viñetas.

O

1. En la ficha **Inicio**, en el grupo **Párrafo**, clic en la flecha del botón **Viñetas**.

2. En la lista desplegable, clic en **Definir nueva viñeta**. Se abre el cuadro de diálogo **Definir nueva viñeta**.

Figura 4. 34. Cuadro de diálogo Definir nueva viñeta.

3. Clic en el botón **Símbolo**. Se abre el cuadro de diálogo **Símbolo**.

4. En el cuadro **Fuente**, seleccione alguna de las siguientes fuentes:

   - Wingdings, Wingdings 2, Wingdings 3

   - Webdings

5. Seleccione el símbolo que quiera usar como viñeta.

6. Clic en **Aceptar** del cuadro de diálogo **Símbolo**.

Figura 4. 35. Cuadro de diálogo Símbolo.

7. Clic en **Aceptar** del cuadro de diálogo definir nueva viñeta.

1. En la ficha **Inicio**, en el grupo **Párrafo**, clic en la flecha del botón **Numeración**.

2. En la lista desplegable, clic en el estilo de numeración que desee.

Figura 4. 36. Estilos de Numeración.

1. En la ficha **Inicio**, grupo **Párrafo**, realice alguna de estas acciones.

   - **Para quitar viñeta:** Clic en el botón **Viñetas**.

   - **Para quitar numeración:** Clic en el botón **Numeración**.

O

1. En la ficha **Inicio**, grupo **Fuente**, clic en el botón **Borrar todo el formato**.

1. Pulse **Enter** dos veces al final del último texto con viñetas o numeración.

1. Seleccionar el texto que está adaptado para una lista multinivel. Esto quiere decir que algunos textos de la lista tienen diferente espacio de sangría.

2. En la ficha **Inicio**, grupo **Párrafo**, clic en el botón desplegable **Lista multinivel.**

3. En el desplegable, seleccione el estilo de lista multinivel que desee.

Figura 4. 37. Estilos de lista multinivel.

Para aplicar una Lista multinivel manualmente

1. Desde la ficha **Inicio**, grupo **Párrafo**, aplique **Numeración** al texto seleccionado.

2. Clic delante de algún texto de la lista al que quiera aplicar multinivel.

3. Pulse la tecla **Tab** las veces que sea necesario para aplicar la lista multinivel. Mientras más use la tecla **Tab**, el texto bajará en jerarquía.

EJERCICIO En el siguiente ejercicio, aprenderá a aplicar numeración y viñeta a sus listas, seleccionará dos párrafos y aplicará un tipo de numeración romana, luego aplicará numeración tradicional a una lista de texto y, para terminar, aplicará un estilo de viñeta. Se usará el archivo **Comidas.docx** ubicado en **C: | OfficeData | Capítulo 4.**

*Abrir el documento **Comidas.docx**..*

1. Seleccione el texto `Comidas de la semana`.

2. Pulse la tecla `Ctrl` sin soltar y seleccione el texto `Ingredientes Lentejas con pescado`.

3. Clic en **Inicio** | **Párrafo** | flecha **Numeración**.

4. En la lista de estilos de numeración, clic en **Números romanos**. Los textos seleccionados ahora poseen un formato de numeración en romano.

Figura 4. 38. Estilo de numeración Romanos.

5. Seleccione toda la lista que contiene nombres de comidas.

6. Clic en la flecha del botón **Numeración** y seleccione el estilo de números `(1. 2. 3.)`.

Figura 4. 39. Estilo de numeración (1. 2. 3.) aplicado al texto.

7. Seleccione todo el texto de los ingredientes.

8. Clic en la flecha del botón **Viñetas** y seleccione el estilo de **viñeta de cuatro rombos**.

9. Con la lista aún seleccionada, clic en la flecha de **Viñeta** y seleccione *Definir nueva viñeta*.

10. En el cuadro de diálogo *Definir nueva viñeta*, clic en el botón **Fuente**, y cambie a:

    - Tamaño de fuente de `14 ptos`.

    - Color de fuente `Azul`.

11. Clic en **Aceptar** del cuadro de diálogo *Fuente*, y también clic en **Aceptar** del cuadro de diálogo *Definir nueva viñeta*.

Figura 4. 40. Estilo de viñeta de cuatro rombos con cambio de tamaño y color de fuente.

12. Guarde los cambios y cierre el documento.

Aplicar estilos

Al igual como aplica *Negrita* y *Cursiva*, los estilos son prácticamente **formatos preestablecidos**, pero con un valor agregado. Este valor agregado permite estructurar su documento de tal manera que puede sacarle provecho usando la vista *Esquema* para organizar sus temas principales (véase Vistas de un documento anteriormente en este capítulo). Si decide no usar estilos, aplicar el formato adecuado a su documento puede tardar mucho tiempo.

Usted puede encontrar una galería de estilos desde la ficha **Inicio**, grupo **Estilos**. Use el botón **Más** para expandir la galería de estilos y seleccionar el que necesite para su documento, tal como lo muestra la Figura 4. 41.

botón **Más**

Figura 4. 41. Galería del grupo Estilos (izquierda). Galería expandida del grupo estilos (derecha).

Para aplicar un estilo a sus textos

1. Seleccione o haga clic en algún lugar del texto al que quiere aplicar estilos.

2. En la ficha **Inicio**, grupo **Estilos**, realice alguna de estas acciones:

   - Clic en algún estilo de la galería.

   - Use las flechas arriba y/o abajo para buscar otros estilos y clic en el estilo que desee.

   - Clic en el botón **Más** y luego seleccione el estilo que desee.

Capítulo 5: Estructurar Documentos

En este capítulo aprenderá a:

- Insertar imágenes

- Insertar tablas

- Insertar encabezados y pies de página

- Modificar el tamaño, orientación y márgenes de los documentos

- Colaborar entre usuarios

> *Use la carpeta Capítulo5 para los ejercicios de este capítulo.*

Un documento no solo se compone de texto, hay muchos otros elementos que ayudarán a tener un resultado final óptimo. Entre estos elementos están las imágenes, tablas, encabezados, y más.

Cuando inserta alguno de estos elementos, Word muestra una ficha contextual -con varias nuevas fichas - en la cinta de opciones. Estas fichas contienen los comandos que usará para un determinado elemento. Esto significa, que los comandos suelen ser bastante diferentes entre un elemento a otro.

En este capítulo aprenderá a insertar diversos elementos a sus documentos y aplicarles el formato adecuado. Sin embargo, también encontrará herramientas importantes que le harán cambiar el aspecto de sus documentos y la colaboración con otras personas.

Insertar imágenes

Word 2016 acepta casi todos los tipos de formatos de imagen, o al menos los más utilizados. Estas imágenes pueden estar guardados en su disco duro local, pueden descargarse directamente online, o inclusive ser capturadas.

Seguramente ha insertado imágenes desde su disco duro local por años, sin embargo, desde la versión 2013 puede hacerlo online. La ventana de diálogo **Insertar imágenes** (Figura 5. 1) le da varias alternativas para encontrar la imagen que necesita.

Si antes tenía que ingresar a un buscador, buscar la imagen, descargarla y luego insertarla en el documento, ahora todo ese proceso se hace desde la ventana de diálogo **Insertar imágenes**. El buscador por defecto es **Bing**, solo ingrese la palabra clave que coincida con un criterio de búsqueda y con unos cuantos clics tendrá la imagen directamente insertada en el documento. Es más, si ha conectado sus servicios a Office 2016 (véase Revisar la información de la cuenta en el Capítulo 1: Conocer Office 2016) podrá insertar imágenes directamente desde OneDrive, o desde su propio Facebook.

Figura 5. 1. Ventana de diálogo Insertar imágenes online.

Otra forma de insertar una imagen en su documento es capturándola. Desde Word 2010 puede capturar lo que está en su pantalla. Imagínese que aparece un mensaje de error en su ordenador y necesita ayuda, se lo cuenta a su amigo y este le pide que por favor "le envíe la captura de pantalla del error" para ayudarlo. Antes de pensar en usar su teléfono móvil para tomarle una foto a su pantalla, use el comando **Captura** para tal propósito.

Para insertar una imagen en su documento, siga estos pasos:

Para insertar una imagen Local

1. Clic en la ficha **Insertar**, y en el grupo **Ilustraciones**, clic en el botón **Imágenes**. Se abre el cuadro de diálogo **Insertar imagen**.

2. En el cuadro de diálogo **Insertar imagen**, navegue hasta la carpeta donde se encuentra guardado el archivo de imagen que quiera insertar.

3. Clic en el archivo de imagen a insertar.

4. Clic en **Insertar**.

Para insertar una imagen en línea desde Bing

1. Clic en la ficha **Insertar**, y en el grupo **Ilustraciones**, clic en el botón **Imágenes en línea**. Se abre la ventana de diálogo **Insertar imágenes**.

2. En la ventana de diálogo **Insertar imágenes**, clic en el cuadro de búsqueda de **Búsqueda de imágenes en Bing**.

3. Escriba el texto que coincida con un criterio de búsqueda. Por ejemplo, busque `oso de anteojos`.

4. Pulse `Enter` o clic en el botón **Buscar** (icono de lupa).

Figura 5. 2. Resultados de búsqueda para "Oso de anteojos".

5. Dentro de los resultados de búsqueda, clic en la imagen que quiera insertar.

6. Clic en el botón **Insertar** para que la imagen se inserte en el documento.

1. Use el teclado para capturar la pantalla siguiendo alguno de estos métodos:

   - **Capturar toda la pantalla:** Pulse **Impr pant**.

   - **Capturar solo la ventana:** Pulse **Alt+Impr pant**.

2. Active su documento de Word y clic en el lugar donde quiera que aparezca la imagen.

3. Pegue la captura siguiendo alguno de estos métodos:

   - Ficha **Inicio**, grupo **Portapapeles**, clic en **Pegar**.

   - Clic derecho, luego clic en **Pegar**.

   - Pulse **Ctrl+V**.

O

1. Clic en la ficha **Insertar**, y en el grupo **Ilustraciones**, clic en el botón desplegable **Captura**. Se muestra una lista de miniaturas de las ventanas abiertas.

2. En la lista desplegable, clic en la miniatura que quiera insertar.

1. Clic en la ficha **Insertar**, y en el grupo **Ilustraciones**, clic en el botón desplegable **Captura**.

2. En la lista desplegable, clic en la opción **Recorte de pantalla**. La pantalla se atenúa y activa la ventana que está por detrás de su documento actual.

3. Clic sin soltar y arrastre para seleccionar una porción de pantalla que se insertará en el documento.

Alinear y aplicar formato a una imagen

Cuando inserta una imagen, por defecto, esta se alinea con el texto. Esto significa que no podrá mover libremente la imagen ya que siempre intentará posicionarse junto a las líneas de párrafo del documento. Para darle mayor comodidad, tendrá que usar el comando **Ajustar texto** y luego podrá posicionar su imagen en el lugar que quiera.

Para aplicar un formato a su imagen debe usar la ficha **Formato**, de la ficha contextual **Herramientas de imagen**, tal como lo muestra la Figura 5. 3. Esta ficha se activa cada vez que selecciona la imagen, y desaparece cuando hace clic en cualquier parte libre del documento.

Figura 5. 3. Ficha Formato.

Para alinear la imagen a alguna posición en el documento y aplicar formato, siga estos pasos:

Para cambiar la posición de la imagen en el documento

1. Clic en la ficha **Formato**, y en el grupo **Organizar**, clic en el botón desplegable **Posición**.

2. Clic en las opciones de la lista desplegable.

*Figura 5. 4. Lista desplegable del botón **Posición**.*

Para mover la imagen manualmente a alguna posición en el documento

1. Clic en el botón contextual **Ajustar texto** ubicado a la derecha de la imagen seleccionada.

2. Clic en alguna de las opciones de la lista desplegable.

Figura 5. 5. Botón contextual Ajustar texto.

O

1. Clic en la ficha **Formato**, y en el grupo **Organizar**, clic en el botón desplegable **Ajustar texto**.

2. Clic en alguna de las opciones de la lista desplegable.

- **En línea con el texto:** Mantiene la imagen en línea con el texto de tal manera que el objeto se mueva a lo largo del párrafo actual.

- **Cuadro:** Ajusta el texto a la izquierda y derecha de la imagen.

- **Estrecho:** El texto fluye hasta el borde del objeto seleccionado sin dejar margen de espacio en blanco.

- **Transparente:** El Texto fluye hasta el borde del objeto, pero puede personalizar la fluidez usando **Modificar puntos de ajuste**.

- **Arriba y abajo:** Fluye el texto encima y por debajo, pero no a través, de la forma. El texto no aparece en los lados del objeto ya que esa área se queda en blanco.

- **Detrás de texto:** Fluye el texto sobre la imagen.

- **Delante del texto:** Muestra el texto detrás de la imagen.

- **Modificar puntos de ajuste:** Crea un nuevo delimitador de su forma que le permite diseñar la manera en la que el texto se ajustará alrededor del objeto.

Para girar la imagen

1. Clic en la ficha **Formato**, y en el grupo **Organizar**, clic en el botón desplegable **Girar objetos**.

2. Seleccione alguna de las opciones de giro.

o

1. Clic sin soltar sobre el controlador de giro ubicado en la parte superior de la imagen seleccionada (vea la Figura 5. 6).

2. Clic sin soltar y gire hacia el lado que desee.

Figura 5. 6. Girar imagen.

Para aumentar o disminuir proporcionalmente el tamaño de la imagen

1. Posicione el puntero del mouse hasta convertirse en una flecha inclinada de dos puntas en los controladores de las esquinas.

2. Clic sin soltar y arrastre en diagonal hacia cualquiera de los lados.

Figura 5. 7. Aumentar o disminuir el tamaño de una imagen.

o

1. Clic en la ficha **Formato**.

2. En el grupo **Tamaño**, cambie uno de los valores de:

   • **Ancho de forma**

   • **Alto de forma**

3. Pulse `Enter` para aceptar el valor cambiado.

Figura 5. 8. Valores de Ancho y Alto de Forma en el grupo Tamaño.

Para aumentar o disminuir el ancho o el alto de la imagen

1. Posicione el puntero del mouse hasta convertirse en una flecha inclinada de dos puntas en los controladores superior, inferior, derecha o izquierda.

2. Clic sin soltar y arrastre hacia:

   • Arriba o abajo para cambiar el alto de la imagen.

   • Izquierda o derecha para cambiar el ancho de la imagen.

o

1. Clic en la ficha **Formato**.

2. En el grupo **Tamaño**, clic en el **Iniciador de cuadro de diálogo**. Se abre el cuadro de diálogo **Diseño**.

3. Dentro del cuadro de diálogo **Diseño**, en la ficha **Tamaño**, en la sección **Escala**, deshabilite la casilla **Bloquear relación de aspecto**.

Figura 5. 9. Deshabilitar la casilla Bloquear relación de aspecto.

4. Clic en **Aceptar** del cuadro de diálogo **Diseño**.

5. Ahora, cambie los valores **Ancho de forma** o **Alto de forma** del grupo **Tamaño**.

6. Pulse `Enter` para aceptar el valor cambiado.

Para restablecer la imagen a su tamaño original

1. Clic en la ficha **Formato**, y en el grupo **Ajustar**, clic en la flecha desplegable del botón **Restablecer imagen**.

2. Clic en **Restablecer imagen y tamaño**.

Para cambiar el estilo de la imagen

1. Clic en la ficha **Formato**, y en el grupo **Estilos de Imagen**, realice alguna de las siguientes acciones:

   • Clic en algún estilo de la galería **Estilos de imagen**.

   • Clic en las flechas arriba y/o abajo y clic en algún estilo de la galería **Estilos de imagen**.

   • Clic en el botón **Más** para expandir la galería y luego clic en algún estilo.

Figura 5. 10. Galería Estilos de imagen.

1. Clic en la ficha **Formato**, y en el grupo **Ajustar**, clic en el botón **Restablecer imagen**.

Hazlo tú mismo

En este ejercicio, insertará imágenes a su documento, después aplicará una alineación y formato. Se usará el archivo **Insertar_Imágenes.docx, Oso_Anteojos.jpg** y **Mapa.jpg** ubicado en **C: | OfficeData | Capítulo 5.**

> *Abrir el documento Insertar_Imágenes.docx.*

1. Clic al final del texto `Es la única especie de los úrsido que existente en la actualidad en Sudamérica`. Y pulse `Enter`.

2. En esta misma posición, inserte la imagen **Oso_Anteojos.jpg**.

3. Cambie el tamaño de la imagen a **6.1 cm** de alto por **8 cm** de ancho.

4. Cambie el ajuste del texto a **Estrecho**.

5. Cambie el estilo de imagen a **Girado, blanco**.

6. Coloque la imagen a la derecha del párrafo `El oso de Anteojos es de color negro o marrón oscuro`... (Vea la Figura 5. 11)

Características

El oso de Anteojos es de color negro o marrón oscuro con una mancha blanca que rodea sus ojos y se extiende hasta la garganta, de allí su nombre; aunque en algunos ejemplares puede faltar la mancha blanca. Llega a tener una longitud de 1,5 a 1,8 m y puede pesar hasta 140 kg. La hembra pare una o dos crías, que cuida con mucho esmero y defiende encarnizadamente.

Figura 5. 11. Imagen posicionada a la derecha del párrafo.

7. Al final del documento inserte la imagen **Mapa.jpg**.

8. Cambie el tamaño de la imagen a **6.64 cm** de alto por **5.07 cm** de ancho.

9. Use la **Posición en la parte inferior derecha con ajuste de texto cuadrado**.

10. Aplique el estilo **Rectángulo de bordes suaves**.

11. Guarde los cambios y cierre el documento.

Insertar Tablas

Una Tabla en Word es un recuadro rectangular visible, o quizá invisible, que permite que se le inserte dentro de ella texto, otras tablas, celdas, imágenes, y más. Las tablas ayudan a organizar mejor los contenidos en un documento.

Puede insertar una tabla desde la ficha **Insertar**, grupos **Tablas**, y clic en **Tabla**. Cuando hace clic en **Tabla**, se muestra una serie de pequeños cuadros el cuál le indica la dimensión que tendrá el objeto. Señale los pequeños cuadrados y la vista previa en vivo le mostrará cómo se irá insertando la tabla en el documento. La Figura 5. 12 muestra una vista previa en vivo de una tabla de 3 columnas x 3 filas.

Figura 5. 12. Tabla de tres filas por tres columnas.

Cuando inserta una tabla podrá agregarle texto e imágenes o quizá una tabla más dentro de la misma. Al seleccionar alguna celda, aparece la ficha contextual, **Herramientas de Tabla** y desde ahí podrá cambiar su formato y la forma de presentación.

Aunque no se muestre a simple vista, una tabla tiene la misma estructura que las hojas de Excel, es decir, las columnas están organizadas por letras y las filas por números tal como lo muestra la Figura 5. 13.

	A	B	C	D
1	A1	B1	C1	D1
2	A2	B2	C2	D2
3	A3	B3	C3	D3
4	A4	B4	C4	D4

Figura 5. 13. Estructura de una tabla.

Realice los siguientes procedimientos para insertar una tabla:

Para insertar una Tabla

1. Clic en la ficha **Insertar**, y en el grupo **Tablas**, clic en el botón desplegable **Tabla**.

2. Del menú desplegable, señale los pequeños cuadrados para elegir la dimensión de la tabla. Revise la etiqueta superior para saber exactamente la dimensión, por ejemplo: **Tabla de 3x3**.

3. Una vez decidida la dimensión, clic en el último cuadrado que se ha seleccionado.

o

1. Clic en la ficha **Insertar**, y en el grupo **Tablas**, clic en el botón desplegable **Tabla**.

2. Clic en la opción **Insertar tabla**. Se abre el cuadro de diálogo **Insertar tabla**.

3. Dentro del cuadro de diálogo **Insertar tabla**, realice lo siguiente:

   • Cambie el valor del cuadro **Número de columnas**.

   • Cambie el valor del cuadro **Número de filas**.

4. Clic en **Aceptar**.

Figura 5. 14. Cuadro de diálogo Insertar tabla.

Para eliminar una Tabla

1. Clic en alguna celda de la tabla.

2. Clic en la ficha **Presentación**, y en el grupo **Filas y columnas**, clic en el botón desplegable **Eliminar**.

3. En la lista desplegable clic en **Eliminar tabla**.

o

1. Usando la **Minibarra de herramientas**, clic en el botón desplegable **Eliminar**.

2. En la lista desplegable, clic en **Eliminar tabla**.

Insertar y eliminar filas o columnas

No siempre puede saber cuántas filas o columnas tendrá una tabla, pero aumentar o quitar filas y columnas es bastante flexible. En la ficha contextual **Herramientas de tabla**, en la ficha **Presentación**, grupo **Filas y Columnas**, encontrará los diversos botones para agregar filas y columnas. Por ejemplo, puede insertar arriba o abajo una fila, o a la derecha o izquierda una columna.

También puede insertar filas al final de la tabla si pulsa `Enter` mientras el punto de inserción se encuentre fuera de la tabla y a la derecha de la misma. Otra manera es usando los botones **Agregar (+)** que aparecen cada vez que señala el borde de una fila o columna (vea la Figura 5. 15).

Para agregar filas y/o columnas siga estos pasos:

Para insertar filas y/o columnas

1. Señale el borde superior que separa cada columna o el borde inferior que separa cada fila, hasta que aparezca una línea de color azul con un signo **Más** (+).

2. Clic en el signo **Más**.

Figura 5. 15. Insertar filas y/o columnas.

O

1. Clic en una celda dentro de la tabla.

2. Clic en la ficha **Presentación**, y en el grupo **Filas y columnas**, realice alguna de estas acciones:

   • **Filas:** Clic en **Insertar arriba** o **Insertar debajo.**

   • **Columnas:** Clic en **Insertar a la izquierda** o **Insertar a la derecha.**

o

1. Clic derecho en una celda dentro de la tabla.

2. Señale **Insertar** y realice alguna de estas acciones:

    - **Filas:** Clic en **Insertar filas encima** o **Insertar filas debajo.**

    - **Columnas:** Clic en **Insertar columnas a la izquierda** o **Insertar columnas a la derecha**.

Para eliminar filas y/o columnas

1. Clic en una celda dentro de la tabla o seleccione toda la fila o columna.

2. Clic en la ficha **Presentación**, y en el grupo **Filas y columnas**, clic en el botón desplegable **Eliminar**.

3. En la lista desplegable realice alguna de estas acciones:

    - Clic en **Eliminar Filas.**

    - Clic en **Eliminar Columnas**

o

1. Clic derecho en una celda dentro de la tabla donde quiera eliminar la fila o columna.

2. Usando la **Minibarra de herramientas**, clic en el botón desplegable **Eliminar**.

3. De la lista desplegable, realice alguna de estas acciones:

    - Clic en **Eliminar Filas.**

    - Clic en **Eliminar Columnas**

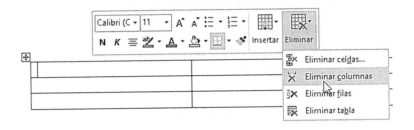

Figura 5. 16. Usar Minibarra de herramientas para eliminar filas o columnas

Para cambiar el tamaño de celda, columna y/o fila

1. Clic en alguna celda al que quiera cambiar el tamaño de columna y/o fila.

2. Clic en la ficha **Presentación**, y en el grupo **Tamaño de celda**, realice alguna de estas acciones:

   - Cambie el valor del cuadro **Alto de fila de tabla**.

   - Cambie el valor del cuadro **Ancho de columna de tabla**.

Para combinar celdas

1. Seleccione las celdas que quiera combinar.

2. Clic en la ficha **Presentación**, y en el grupo **Combinar**, clic en **Combinar celdas**.

Para alinear el texto dentro de la celda

1. Clic en alguna parte del texto que quiera alinear o selecciónelo.

2. Clic en la ficha **Presentación**, y en el grupo **Alineación**, clic en alguna de las siguientes botones:

   - **Alinear arriba a la izquierda**

   - **Alinear arriba en el centro**

   - **Alinear arriba a la derecha**

   - **Alinear en el centro a la izquierda**

   - **Alinear verticalmente**

   - **Alinear en el centro a la derecha**

   - **Alinear abajo a la izquierda**

   - **Alinear abajo en el centro**

   - **Alinear abajo a la derecha**

Figura 5. 17. Grupo Alineación.

Hazlo tú mismo

En este ejercicio trabajará estructurando una tabla. Se usará el archivo **Tablas.docx** ubicado en **C: | OfficeData | Capítulo 5.**

*Abrir el documento **Tablas.docx**.*

1. En la tabla que está en el documento, inserte una columna a la izquierda de la **ColumnaB**.

2. Inserte una fila nueva al principio de la tabla.

3. En la fila insertada agregue lo siguiente en cada columna:

   - **ColumnaA:** *Certificación*
   - **ColumnaB**: *Exámenes*
   - **ColumnaC:** *Objetivos*

4. A los textos que acaba de ingresar, aplique:

   - **Atributo:** Negrita
   - **Alineación:** Centrar

5. Elimine la última columna.

6. Elimine la última fila.

7. En las celdas de la columna **Exámenes**, agregue lo siguiente respectivamente:

   - **Celda B2:** *Fundamentos de computación*
   - **Celda B3:** *Aplicaciones Clave*
   - **Celda B4:** *Viviendo en Línea*

8. A los textos que acaba de ingresar, aplique:

   - **Atributo:** Negrita
   - **Alineación:** Izquierda
   - **Color de fuente:** Azul, Énfasis 5.
   - Sin viñeta**.**

9. Combine las celdas A2, A3 y A4.

10. Al texto *IC3* aplique:

   - **Tamaño de fuente:** 42 ptos.

   - **Atributo:** Negrita

   - **Color:** Verde claro

11. Cambie la columna **Certificación** a **3.4 cm** de ancho.

12. Cambie la columna **Exámenes** a **3.5 cm** de ancho.

13. Cambie la columna **Objetivos** a **6 cm** de ancho.

14. Guarde los cambios y cierre el documento.

La tabla debe verse como la Figura 5. 18:

Figura 5. 18. Tabla terminada.

Insertar Encabezados y Pies de Página

Aparentemente, los encabezados y pies de página son las áreas en los márgenes superior e inferior de cada página, pero no necesariamente es así. En Word, los encabezados y pies de página son capas distintas en su documento, usualmente detrás del área de texto. Esto significa que puede ingresar cualquier elemento en estas capas.

Para insertar un estilo de encabezado o pie de página siga estos pasos:

1. Clic en la ficha **Insertar**, y en el grupo **Encabezado y pie de página**, realice alguna de estas acciones:

   - Clic en el botón desplegable **Encabezado**.

   - Clic en el botón desplegable **Pie de página**.

2. De la lista desplegable, clic en el estilo de encabezado o pie de página que desee.

Figura 5. 19. Estilos de encabezados.

1. Clic en la ficha **Insertar**, y en el grupo **Encabezado y pie de página**, realice alguna de estas acciones:

   - Clic en el botón desplegable **Encabezado**.

   - Clic en el botón desplegable **Pie de página**.

2. De la lista desplegable, seleccione:

   - **Editar encabezado**

   - **Editar pie de página**

o

1. Doble clic en el área de margen de:

   - Parte superior del documento para editar el encabezado.

   - Parte inferior del documento para editar el pie de página.

Para agregar número de página en la posición actual

1. Ingrese al área de edición del encabezado o pie de página.

2. Posicione el punto de inserción en el lugar donde quiere que aparezca el número de página. Use los botones de alineación del grupo Párrafo, en la ficha Inicio, para este procedimiento.

3. Clic en la ficha **Insertar**, y en el grupo **Encabezado y ple de página**, clic en Número de página.

4. Señale **Posición actual** y clic en el estilo que desee.

Figura 5. 20. Insertar número de página en la posición actual.

Para quitar encabezado o pie

1. Clic en la ficha **Insertar**, y en el grupo **Encabezado y pie de página**, realice alguna de estas acciones:

   - Clic en el botón desplegable **Encabezado**.

- Clic en el botón desplegable **Pie de página**.

2. De la lista desplegable, seleccione:

   - **Quitar encabezado**

   - **Quitar pie de página**

Modificar el aspecto de un documento

Es importante saber el tamaño de papel, la orientación y los márgenes con el que va a redactar los documentos, ya que de ello depende la calidad y estructura del mismo. Se recomienda que elija cuanto antes el tamaño de papel, de esa manera puede continuar redactando el documento sin ningún inconveniente; si está utilizando un tamaño de papel diferente, puede cambiarlo aún, pero tenga en cuenta que, si ya estructuró su documento, este puede sufrir algunos cambios que quizá no le gusten nada.

No elija el tamaño de papel porque sí; el tamaño de papel depende mucho de la impresora con la que va a imprimir. Si no posee una impresora que soporte un tamaño de papel en especial, es posible que el tamaño que esté buscando no aparezca en la lista de opciones del botón **Tamaño**; sin embargo, aún puede trabajar su documento como un tamaño de papel personalizado, pero deberá utilizar una impresora de terceros para la impresión.

La orientación predeterminada es vertical, y de seguro es la más usada para todo tipo de documentos. Cuando necesita crear una tabla, es posible que la orientación vertical sea muy angosta para tal propósito, entonces puede cambiar la orientación a horizontal.

Por otro lado, los márgenes en su documento controlan la cantidad de espacio en blanco de la parte superior, inferior, izquierda y derecha del documento. Cuando comienza a trabajar con un nuevo documento, el margen predeterminado es del tipo $Normal$, que equivale $3\ cm$ a la izquierda y derecha y $2.5\ cm$ en la parte superior e inferior.

Para cambiar el tamaño de papel

1. Clic en la ficha **Formato**, y en el grupo **Configurar página**, clic en el botón desplegable **Tamaño**.

2. Clic en el tamaño que usted necesite.

Para cambiar la orientación

1. Clic en la ficha **Formato**, y en el grupo **Configurar página**, clic en el botón desplegable **Orientación**.

2. Clic en la opción **Vertical** y **Horizontal** según sea el caso.

Para cambiar los Márgenes

1. Clic en la ficha **Formato**, y en el grupo **Configurar página**, clic en el botón desplegable **Márgenes**.

2. Clic en la opción de margen que necesita.

Colaboración de documentos

Si está trabajando para una organización o un pequeño negocio, podría necesitar colaborar con otras personas para el desarrollo del contenido en algún documento. Por lo general, los usuarios hacen copias del archivo y cada uno de ellos -involucrados en el documento- realiza los cambios necesarios individualmente para luego volverlos a unir en un solo archivo.

Para sacar provecho a las opciones de colaboración, debe almacenar el documento en una ubicación compartida, como una biblioteca de documentos en SharePoint o una carpeta de OneDrive.

Para enviar una invitación a otro usuario

1. Clic en el botón **Compartir** ubicado al extremo derecho de la cinta de opciones. Se abre el panel **Compartir**.

Figura 5. 21. Botón Compartir.

2. En el cuadro **Invitar a personas**, escriba la dirección de correo electrónico de la persona que va a colaborar en el documento.

3. En el cuadro desplegable seleccione los permisos de edición.

4. En el cuadro en blanco más amplio, escriba un breve mensaje para el usuario invitado.

5. Clic en el botón **Compartir**.

6. El otro usuario deberá recibir en breve un mensaje de correo electrónico con un enlace para acceder al documento compartido.

*Figura 5. 22. Panel **Compartir**.*

Capítulo 6: Conociendo Excel 2016

En este capítulo aprenderá a:

- Introducir datos

- Aplicar formatos

- Trabajar con filas y columnas

- Usar referencias de celdas

- Trabajar con funciones básicas

> *Use la carpeta Capítulo6 para los ejercicios de este capítulo.*

Excel 2016 es una aplicación de hoja de cálculo usado por casi todo el mundo. Sus herramientas potentes y el uso fácil de su interfaz, han hecho de esta aplicación la más popular entre los usuarios, profesionales de la información y todo aquel que necesite realizar algún análisis de datos.

Cuando entra a trabajar con Excel se dará cuenta que su ventana es muy parecida a una hoja cuadriculada, y es posible que ni bien la vea, ya tenga una idea de cómo usar esta aplicación. Sí, simplemente agregue los datos en cada uno de esos pequeños y delgados rectángulos, y luego, use una función para obtener un resultado, listo eso es todo.

En este capítulo aprenderá diversas herramientas básicas de Excel, desde el ingreso de datos hasta la aplicación de formato.

Introducir Datos en Excel

Excel 2016 permite introducir diferentes tipos de datos, aunque su especialidad son los números, también puede insertar texto, fórmulas, fechas y horas, y otros tipos de datos más.

Para ingresar cualquier dato basta con hacer clic en la celda de destino y empezar a agregar contenido. Tenga en cuenta que en este tipo de acciones la barra de estado es un buen aliado. Por ejemplo, cuando selecciona la celda donde agregará sus datos la barra de estado muestra el texto *"Listo"*. Esto indica que puede agregar contenido con total normalidad. Cuando ya va escribiendo más datos, el texto que muestra la barra de estado es *"Introducir"*, tal como lo muestra la Figura 6. 1.

Figura 6. 1. Información de la barra de estado.

La siguiente lista muestra más información sobre estos estados:

- **Listo:** Esta información aparece cuando selecciona una celda para luego ingresar datos dentro de la misma.

- **Introducir:** Solo aparece cuando ingresa datos en una celda vacía.

- **Modificar:** Aparece cuando edita los datos en una celda.

- **Señalar:** Esta información solo es mostrada cuando se selecciona una celda o rango mientras usa fórmulas.

Para ingresar datos en las celdas

1. Clic en la celda donde quiera añadir datos.

2. Escriba sus datos y luego realice alguna de estas acciones.

   - **Pulse la tecla Enter.** El dato se añade a la celda y se selecciona la celda de abajo.

   - **Pulse Ctrl+Enter**. El dato se añade a la celda y a su vez se queda como celda activa.

- **Clic en el botón Introducir**. Ubicado en la barra de fórmulas con un icono de visto bueno (check). Vea la Figura 6. 2.

Figura 6. 2. Botón Introducir en la barra de fórmulas.

Para modificar el contenido de una celda

1. Realice alguna de estas acciones:

    - Doble clic en la celda de destino.

    - Seleccione la celda de destino y pulse *F2*.

Los valores numéricos

Al utilizar o revisar algunos trabajos hechos en Excel, encontrará gran variedad de datos numéricos, como edades, sueldos, descuentos, bonificaciones, etc. Excel trata a los números con total flexibilidad ya que permite realizar diferentes operaciones y cálculos. Al ingresar un valor numérico este se alinea a la derecha de la celda.

	A	B	C
1			
2	Ingresos	Egresos	Ganancias
3	1450	1100	
4	6570	950	
5	9780	1220	
6	12600	2300	
7	13450	2356	

Figura 6. 3. Valores numéricos.

Los textos

Al diseñar una plantilla, recibos o cuadros estadísticos, siempre necesitará de los textos para brindar una mejor presentación y que esta sea entendible. Los textos nos ayudan a que sepamos donde ingresar los datos o por qué lo agregamos en ese lugar.

Cada celda es independiente y puede albergar gran cantidad de texto, cada texto que inserte en una celda y no sobrepase el ancho de la misma se alinea a la izquierda. Si el texto es demasiado largo, aparentará sobrepasar la celda de lado, pero recuerde que el texto sigue estando en la celda donde escribió.

Introducir fechas

Las fechas ingresadas en las celdas de Excel son series de números empezando por el número **1** que en fecha equivale al **01 de Enero de 1900**, el número **2** equivale a **02 de Enero de 1900**. Quizá le parezca complicado ingresar una serie de números, pero puede ingresar fechas utilizando un simple formato como: **01/01/2016**.

Introducir horas

Cuando se está trabajando con horas, simplemente se debe aumentar los decimales a los números de serie que utiliza para las fechas. Por ejemplo, el número de serie del **01 de junio de 2007** es **39234**. Si ingresa el número **39234.5**, estará en el **01 de junio de 2007** al mediodía. Pero simplemente puede ingresar un valor de hora con un formato permitido como: **13:05**.

Insertar fórmulas

A Excel se le llama hoja de cálculo gracias a la inserción de fórmulas. Incluso estas fórmulas pueden utilizar textos (funciones) para realizar diferentes acciones.

Las fórmulas pueden ser simples expresiones matemáticas, o pueden ser fórmulas muy potentes llegando a utilizar las diversas funciones que posee Excel 2016. Una fórmula debe comenzar por el símbolo **igual (=)** seguidamente de la expresión, por ejemplo: *=20+50* que permite sumar el número 20 con el número 50. Otro ejemplo es: *=20-(5*2)* que resta el número 20 a la multiplicación de 5 por 2.

> *Las fórmulas pueden utilizar datos constantes (números fijos) o referencias de celda, de esta manera las operaciones serán más flexibles.*

Hazlo tú mismo

En este ejercicio introducirá diversos tipos de datos a sus celdas. Se usará el archivo **Resumen.xlsx** ubicado en **C: | OfficeData | Capítulo 6.**

> *Abrir el libro Resumen.xlsx.*

1. En la celda **A1** agregue: `Resumen de ganancias`.

2. Añada los siguientes datos de texto:

   - **A2:** `Ingresos`
   - **B2:** `Egresos`
   - **C2:** `Ganancias`
   - **D2:** `Fechas`

3. Añada los siguientes datos numéricos:

   - **A3:** `1500`
   - **A4:** `1320`
   - **A5:** `2200`

4. Añada en **D3** la fecha: `01/01/2016`.

5. Añada las siguientes fórmulas:

   - **C3:** `=A3-B3`
   - **C4:** `=A4-B4`
   - **C5:** `=A5-B5`

6. Guarde los cambios y cierre el libro.

Aplicar formatos a sus celdas

Como ya sabrá, Excel muestra una gran variedad de herramientas para poder aplicar formatos a los valores y los cuadros que haya hecho. Una buena aplicación del formato a un trabajo en Excel hablará muy bien de usted y hará saber que su trabajo es impecable y que tomó mucho esmero en crearlo.

Por lo general las opciones de formato se encuentran en la ficha **Inicio**, dentro del grupo **Fuente**, tal como lo muestra la Figura 6. 4.

Figura 6. 4. Grupo Fuente de la ficha Inicio.

En la tabla Tabla 6. 1 se muestran los diferentes comandos que puede utilizar para aplicar formatos a las celdas e incluso a los valores dentro de las celdas.

Comandos	Nombre	Lugar	Descripción
Calibri	Fuente	Inicio/Fuente	Cambia la fuente.
11	Tamaño de fuente	Inicio/Fuente	Cambia el tamaño de fuente.
N	Negrita	Inicio/Fuente	Aplica el formato de negrita al texto seleccionado
K	Cursiva	Inicio/Fuente	Aplica el formato de cursiva al texto seleccionado
S	Subrayado	Inicio/Fuente	Aplica el formato de subrayado al texto seleccionado
A	Color de fuente	Inicio/Fuente	Cambia el color del texto.
	Color de relleno	Inicio/Fuente	Colorea el fondo de las celdas seleccionadas.
	Bordes	Inicio/Fuente	Aplica bordes a las celdas seleccionadas.

Tabla 6. 1. Comandos para aplicar formato.

EJERCICIO En este ejercicio aprenderá a aplicar formato a sus datos y celdas en Excel. Se usará el archivo **Formato.xlsx** ubicado en **C: | OfficeData | Capítulo 6.**

> *Abrir el libro **Formato.xlsx**.*

1. Seleccione la celda A1 y en la ficha **Inicio**, en el grupo **Fuente**, clic en la flecha desplegable del cuadro **Fuente**.

2. En la lista desplegable, clic en la fuente **Segoe UI.**

3. Clic en el botón **Negrita**.

4. Clic en la flecha del botón **Color de fuente** y clic en el color **Azul**.

5. Clic sin soltar sobre la celda **A2** y arrastre hasta la celda **D2**.

   Con esta acción, acaba de seleccionar el rango **A2:D2**.

6. Clic en la flecha del botón **Color de relleno** y clic en el color **Verde, Énfasis 6, Oscuro 25%.**

7. Clic nuevamente en la flecha del cuadro desplegable **Fuente** y seleccione la fuente **Tahoma**.

8. Clic nuevamente en la flecha del botón desplegable **Color de fuente** y clic en **Blanco, Fondo 1**.

9. Clic sin soltar sobre la celda **A3** y arrastre hasta la celda **D10**.

   Acaba de seleccionar el rango **A3:D10**.

10. Clic en la flecha del botón desplegable del botón **Bordes**.

11. Clic en **Todos los bordes**.

    Cada celda seleccionada tiene un borde alrededor.

12. Guarde los cambios y cierre el libro.

Aplicar formatos a los valores numéricos

Excel puede aplicar diferentes formatos a los números introducidos en las celdas. Puede aplicar estos formatos desde la ficha **Inicio**, grupo **Número**.

En la tabla Tabla 6. 2 se muestran los diferentes comandos que puede utilizar para aplicar formatos a los valores numéricos.

Comando	Descripción
Número	**Formato de número:** Permite seleccionar en una lista desplegable los diversos formatos de números que posee Excel, como los porcentajes, fechas, fracciones y más.
	Formato de número de contabilidad: Permite cambiar el formato de un número a moneda. Dependiendo de su configuración regional, aparecerá el símbolo de moneda adecuado.
%	**Estilo porcentual:** Aplica el formato de porcentaje a un número. En especial el número debe ser un decimal.
000	**Estilo Millares:** Agrega una coma para separar los millares.
	Aumentar decimales: Permite aumentar los números decimales de un valor.
	Disminuir decimales: Permite disminuir los números decimales de un valor. Si el decimal es 5 o más, el número entero muestra un redondeo.

Tabla 6. 2. Comandos para aplicar formato a los números.

Otra forma de aplicar estos formatos es usando el cuadro de diálogo **Formato de celda**. Dentro del cuadro de diálogo **Formato de celda**, debe activar la ficha **Número**, y desde ahí podrá cambiar los formatos necesarios.

Para abrir el cuadro de diálogo **Formato de celdas** siga estos pasos:

Para abrir Formato de celdas

1. Realice alguna de estas acciones:

   - Clic en la ficha **Inicio**, y en el grupo **Número**, clic en el Iniciador de cuadro de diálogo.

   - Seleccione la celda o rango de celdas al que quiere aplicar formato. Luego, haga clic derecho sobre la selección y clic en **Formato de celdas**.

   - Pulse `Ctrl+1`.

Figura 6. 5. Cuadro de diálogo Formato de celdas.

EJERCICIO En el siguiente ejercicio aprenderá a aplicar formato a sus valores numéricos. Se usará el archivo **Formato_Número.xlsx** ubicado en **C: | OfficeData | Capítulo 6.**

> *Abrir el libro **Formato_Número.xlsx**.*

1. Seleccione el rango **A3:A10**.

2. En la ficha **Inicio**, en el grupo **Número**, clic en el botón **Formato de número de contabilidad**.

   Dependiendo de la configuración de su equipo, aparecerá el símbolo de moneda en los números seleccionados.

3. Seleccione el rango **B3:B10**.

4. En el grupo **Número**, clic en la flecha desplegable del cuadro **Formato de número**.

5. De la lista desplegable, clic en **Moneda**.

   Observe que los formatos de la columna *Ingresos* y *Egresos* son ligeramente diferentes debido a las cifras numéricas.

6. Seleccione el rango **C3:C10**.

7. Active el cuadro de diálogo **Formato de celdas**.

8. En la ficha **Número**, clic en la categoría **Moneda**.

   Ahora usted va a configurar el formato.

9. En **Posiciones decimales** cambie el valor a **cero** (**0**).

10. En **Símbolo**, busque el símbolo de moneda de su país, en el ejemplo es el **euro**.

11. En la sección **Números negativos**, seleccione la última opción: **-1,234 €** (**en rojo**), tal como lo muestra la Figura 6. 6.

Figura 6. 6. Configurar el formato de moneda.

12. Clic en **Aceptar** del cuadro de diálogo **Formato de celdas**.

    Note que el formato de la columna **Ganancias** no tiene ningún decimal.

13. Seleccione la celda **B8** y cambie por el valor *1200*.

    Observe que en la celda **C8** el resultado cambió, resaltando en color rojo el valor negativo, tal y como lo configuró en el **paso 11**.

14. Seleccione cualquiera de las celdas de la columna **Ganancias**.

15. En la ficha **Inicio**, en el grupo **Portapapeles**, clic en el botón **Copiar formato**.

16. Seleccione todos los valores de la columna **Egresos**.

    Note que ha copiado solo el formato de la columna **Ganancias** a **Egresos**, mas no los datos.

17. Cambie el formato de la columna **Ingresos** para que se vea igual que **Ganancias** y **Egresos**.

18. Seleccione el rango **A3:C10**.

19. En el grupo **Número**, clic en el botón **Aumentar decimales**.

    El formato de los números cambia para mostrar un solo decimal.

20. Seleccione el rango D4:D10.

21. En el grupo **Número**, clic en la flecha desplegable del cuadro **Formato de número** y seleccione **Fecha corta**.

    Como puede notar, los números se convierten en fechas.

22. Guarde los cambios y cierre el libro.

Trabajar con filas y columnas

Una hoja de cálculo está compuesta por una cuadrícula de filas y columnas que pueden ser manipuladas de forma muy sencilla. Las columnas están representadas por letras y las filas por números. Cuando inserta o elimina una fila o columna en realidad no lo hace. ¿Esto qué significa? Por ejemplo, las columnas empiezan desde A y terminan en XFD y ese es su límite. Por lo tanto, al insertar o eliminar una columna lo único que hace es mover o trasladar las demás columnas a nuevas posiciones. Cuando quiere insertar una columna nueva, esta se agrega a la izquierda; cuando se trata de una fila nueva, esta se agrega encima.

Por otro lado, cuando crea sus listas de datos estos pueden tener diferentes diseños o estructuras, algunas columnas quizás tengan más información que otras, así que tendrá que ajustarlas para que los datos puedan mostrarse correctamente. Por ejemplo, cuando vea estos caracteres ##### significa que el ancho de columna no es lo suficientemente amplio para mostrar el valor.

Para manipular sus filas y columnas siga estos pasos:

Para insertar filas y/o columnas

1. Clic en la celda desde donde desee insertar una fila o columna nueva.

2. Clic en la ficha **Inicio**, y en el grupo **Celdas**, clic en la flecha desplegable del botón **Insertar**.

3. En la lista desplegable elija alguna de las dos opciones según sea el caso:

- **Insertar filas hoja**

- **Insertar columnas de hoja**

O

1. Clic derecho en la celda desde donde desee insertar una fila o columna nueva.

2. Del menú contextual, clic en **Insertar...** Se abre el cuadro de diálogo **Insertar**.

3. Seleccione alguna de las opciones según sea el caso:

- **Insertar toda una fila**

- **Insertar toda una columna**

4. Clic en **Aceptar**.

*Figura 6. 7. Cuadro de diálogo **Insertar**.*

Para mover celdas

1. Seleccione la celda o rango de celdas que desea mover.

2. Active el cuadro de diálogo **Insertar** utilizando alguno de estos métodos:

- Clic en la ficha **Inicio**, y en el grupo **Celdas**, clic en la flecha desplegable del botón **Insertar**. En la lista desplegable clic en **Insertar celdas**...

- Clic derecho sobre la celda o rango seleccionado, y clic en **Insertar**...

3. Seleccione alguna de las opciones según sea el caso:

- **Desplazar las celdas hacia la derecha**

- **Desplazar las celdas hacia abajo**

4. Clic en **Aceptar**.

1. Clic en la celda desde donde desee eliminar una fila o columna.

2. Clic en la ficha **Inicio**, y en el grupo **Celdas**, clic en la flecha desplegable del botón **Eliminar**.

3. En la lista desplegable elija alguna de las dos opciones según sea el caso:

   - **Eliminar filas hoja**

   - **Eliminar columnas de hoja**

o

1. Clic derecho en la celda desde donde desee eliminar una fila o columna.

2. Del menú contextual, clic en **Eliminar...** Se abre el cuadro de diálogo **Eliminar**.

3. Seleccione alguna de las opciones según sea el caso:

   - **Toda la fila**

   - **Toda la columna**

4. Clic en **Aceptar**.

1. Seleccione la celda o rango de celdas que desea eliminar.

2. Active el cuadro de diálogo **Eliminar** utilizando alguno de estos métodos:

   - Clic en la ficha **Inicio**, y en el grupo **Celdas**, clic en la flecha desplegable del botón **Eliminar**. En la lista desplegable clic en **Eliminar celdas**...

   - Clic derecho sobre la celda o rango seleccionado, y clic en **Eliminar**...

3. Seleccione alguna de las opciones según sea el caso:

   - **Desplazar las celdas hacia la izquierda**

   - **Desplazar las celdas hacia arriba**

4. Clic en **Aceptar**.

Para cambiar el ancho de una columna y/o el alto de una fila

1. Seleccione la celda al que quiere cambiar el ancho de columna o alto de fila. También, puede seleccionar la columna completa haciendo clic en el encabezado de columna.

2. En la ficha **Inicio**, grupo **Celdas**, clic en el botón desplegable **Formato**.

3. Seleccione alguna de las opciones según sea el caso:

   - **Alto de fila**

   - **Ancho de columna**

4. Dependiendo de la opción que haya elegido en el paso 3, cambie los valores del cuadro de diálogo correspondiente.

Figura 6. 8. Cuadro de diálogo Alto de fila (izquierda), cuadro de diálogo Ancho de columna (derecha).

5. Clic en **Aceptar** en los respectivos cuadros de diálogo.

O

1. Sitúe el puntero del mouse en el borde que separa una columna de otra, o una fila de otra. El puntero cambia por una cruz con dos flechas horizontales.

Figura 6. 9. Moviendo el puntero a los bordes que separan las columnas y las filas.

2. Clic sin soltar sobre el borde y:

   - **Columna:** Arrastre hacia la izquierda o derecha para modificar el ancho.

   - **Fila:** Arrastre hacia arriba o abajo para modificar el alto.

1. Seleccione la celda al que quiere cambiar el ancho de columna o alto de fila. También, puede seleccionar la columna completa haciendo clic en el encabezado de columna.

2. En la ficha **Inicio**, grupo **Celdas**, clic en el botón desplegable **Formato**.

3. Seleccione alguna de las opciones según sea el caso:

   - **Autoajustar alto de fila**
   - **Autoajustar ancho de columna**

o

1. Doble clic en el borde que separa una columna de otra, o una fila de otra.

Para cambiar el ancho de varias columnas y/o filas a la vez

1. Seleccione varias celdas o los encabezados de columnas y/o filas que quiera cambiar sus valores.

2. En el grupo **Celdas**, clic en **Formato** y seleccione **Alto de fila** o **Ancho de columna** y cambie sus valores.

o

1. Seleccione desde sus encabezados las columnas y/o filas que quiera cambiar.

2. Sitúe el puntero del mouse en el borde que separa una columna de otra, o una fila de otra hasta que el puntero cambie por una cruz con dos flechas horizontales.

3. Clic sin soltar sobre el borde y:

   - **Columnas:** Arrastre hacia la izquierda o derecha para modificar el ancho.
   - **Filas:** Arrastre hacia arriba o abajo para modificar el alto.

Hazlo tú mismo

En este ejercicio insertará columnas y filas, ajustará el ancho o alto de las mismas, y luego eliminará las que no sean necesarias. Se usará el archivo **Filas_Columnas.xlsx** ubicado en **C: | OfficeData | Capítulo 6.**

> *Abrir el libro **Filas_Columnas.xlsx**.*

1. Cambie el alto de la **fila 1** a *24.75 ptos*.

2. Autoajuste la columna **D** para que se muestre completamente las fechas.

3. Inserte una columna nueva a la izquierda de la columna **Ingresos**.

4. En la celda **A2** escriba: *Países*.

5. Desde la celda **A3** hasta **A10** agregue los siguientes países:

   - España
   - México
   - Perú
   - Colombia
   - Argentina
   - Ecuador
   - Brasil
   - Estados Unidos

6. Cambie el ancho de la columna **A** a *14.43*.

7. Aplique el mismo formato de encabezado a la celda **A2**.

8. Elimine la columna **F**.

9. Elimine la fila **11**.

10. Guarde los cambios y cierre el libro.

◢	A	B	C	D	E
1		**Resumen de ganancias**			
2	Países	Ingresos	Egresos	Ganancias	Fechas
3	España	1,500.0 €	120.0 €	1,380.0 €	viernes, 1 de enero de 2016
4	México	1,320.0 €	250.0 €	1,070.0 €	sábado, 2 de enero de 2016
5	Perú	2,200.0 €	145.0 €	2,055.0 €	domingo, 3 de enero de 2016
6	Colombia	1,800.0 €	223.0 €	1,577.0 €	lunes, 4 de enero de 2016
7	Argentina	1,750.0 €	221.0 €	1,529.0 €	martes, 5 de enero de 2016
8	Ecuador	950.0 €	1,200.0 €	-250.0 €	miércoles, 6 de enero de 2016
9	Brasil	1,678.0 €	200.0 €	1,478.0 €	jueves, 7 de enero de 2016
10	Estados Unidos	2,250.0 €	450.0 €	1,800.0 €	viernes, 8 de enero de 2016
11					

Figura 6. 10. Lista de datos Resumen de Ganancias.

Alinear el contenido de las celdas

Cuando introduce datos en una celda estas se alinean por defecto, por ejemplo, un texto se alinea a la izquierda y los números a la derecha. Sin embargo, hay muchas otras alineaciones que puede aplicar. El grupo **Alineaciones**, en la ficha **Inicio**, muestra los comandos necesarios para alinear su contenido horizontal o verticalmente. Muchas de estas opciones también las puede encontrar en el cuadro de diálogo **Formato de celda**, activando la ficha **Alineación**.

Figura 6. 11. Grupo Alineación.

EJERCICIO En el siguiente ejercicio aprenderá a utilizar los comandos de alineaciones. Se usará el archivo **Alinear.xlsx** ubicado en **C: | OfficeData | Capítulo 6.**

*Abrir el libro **Alinear.xlsx**.*

1. Seleccione el rango **B1:F1**.

2. En el grupo **Alineación**, clic en el botón **Combinar y centrar**.

Ahora, todas las celdas seleccionadas se vuelven una sola y el texto se centra.

3. Seleccione el rango **B11:F11**.

4. Clic en la flecha desplegable del botón **Combinar y centrar** y clic en **Combinar celdas**.

   Las celdas se combinan y el texto permanece alineado al lado izquierdo.

5. Seleccione el rango A3:A10.

6. Clic en el botón **Combinar y centrar**.

   Las celdas se combinan, sin embargo, el texto no se llega a mostrar completamente.

7. Clic en el botón **Ajustar texto.**

   El texto se ajusta para caber en la celda y mostrarse completamente.

8. Clic en el botón **Alinear en el medio**.

   El texto se ha distribuido tanto vertical como horizontalmente en la celda.

9. Seleccione el rango B2:F2.

10. Clic en el botón **Alinear en el medio** y luego clic en el botón **Centrar**.

11. Seleccione la celda **A3**.

    Esta celda es más grande debido a que ha combinado en el paso 6.

12. Clic en el botón desplegable **Orientación** y clic en **Girar texto hacia arriba**.

    El texto se ve mejor con esta nueva orientación.

Figura 6. 12. Orientación.

13. Guarde los cambios y cierre el libro.

Usar referencias de celdas

Cuando usa la fórmula `=A1+B1` está usando referencias hacia las celdas `A1` y `B1`. La mayoría de las fórmulas que crea incluyen referencias hacia las celdas o rangos. Estas referencias les permiten a sus fórmulas trabajar de forma dinámica con los datos almacenados. Por ejemplo, si su fórmula tiene una referencia a la celda `B1` y cambia el valor en esa celda, el resultado de la fórmula también cambia para reflejar el nuevo valor. Si no usa referencias en sus fórmulas, necesitará editar las fórmulas manualmente con el fin de reflejar los resultados correctos.

Referencias relativas, absolutas y mixtas

Cuando usa una referencia de celda o rango en una fórmula, puede usar tres tipos de referencias:

- **Relativas:** Las referencias de las filas y columnas cambian cuando copia la fórmula a otra celda o usa el controlador de relleno. Por defecto, Excel crea referencias de celdas relativas en las fórmulas.

- **Absolutas:** Las referencias de filas y columnas no cambian cuando copia la fórmula debido a que la referencia es para una dirección de celda en concreto. Una referencia absoluta utiliza dos signos de dólar en la dirección: una para la letra de columna y una para el número de fila, por ejemplo, `$B$1`.

- **Mixtas:** Alguna referencia de fila o columna es relativa mientras que la otra es absoluta. Solo una de las partes de la dirección es absoluta, por ejemplo: `$B1` o `B$1`.

EJERCICIO En el siguiente ejercicio usará fórmulas con referencias relativas, absolutas y mixtas. Se usará el archivo ´**Referencia de celdas.xlsx** ubicado en **C: | OfficeData | Capítulo 6.**

> *Abrir el libro **Referencia de celdas.xlsx**.*

1. Si es necesario, active la hoja **Relativas** y luego seleccione la celda **C3**.

2. Agregue la siguiente fórmula: =A3*B3 y pulse Ctrl+Enter.

    Como puede notar, acaba de aparecer el resultado.

3. Clic sin soltar en el controlador de relleno (vea la Figura 6. 13) y arrastre hasta C10.

    Como ha usado referencias relativas -esto es por defecto-, al usar el controlador de relleno, la fórmula se copia y cambia los resultados basados en los valores de las celdas.

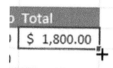

Figura 6. 13. Controlador de relleno.

Ahora aplicará una fórmula con referencia absoluta en la hoja **Absolutas**. En esta hoja deberá obtener el **IGV** que está basado en una tasa de impuesto del 18% y ubicado en **E3**.

4. Active la hoja **Absolutas** y seleccione la celda **B3**.

5. Escriba la siguiente fórmula: =A3*E3, pero aún no pulse Ctrl+Enter.

    Si simplemente usa esta fórmula provocará un error ya que se está usando referencias relativas. Tenga en cuenta que la tasa de impuesto solo aparece en una sola celda (E3) y la fórmula solo debe apuntar a esa celda, por lo tanto, es una referencia absoluta.

    A continuación, completará el ejercicio con esta referencia de celda.

6. Como aún no ha pulsado Ctrl+Enter, en su lugar pulse la tecla F4 al final de la referencia **E3**.

    Puede notar que aparece el signo de dólar al inicio de la letra de columna y el número de fila.

Figura 6. 14. Referencia absoluta.

7. Ahora sí, pulse `Ctrl+Enter` y use el controlador de relleno para copiar la fórmula hasta **B10**.

    Si se da el tiempo de revisar la fórmula aplicada celda por celda, notará que la primera es una referencia relativa mientras que la otra es una referencia absoluta, es decir, esta última no cambia.

    En esta última parte del ejercicio usará referencias mixtas para completar una sencilla tabla de multiplicar. Esta tabla debe usar una sola fórmula que será copiada en todas las demás celdas.

8. Active la hoja **Mixtas** y seleccione la celda **B3**.

9. Para completar la tabla de multiplicar con una sola fórmula escriba lo siguiente: `=A3*B2`, aún no pulse `Ctrl+Enter`.

10. Mientras aún está editando la fórmula, clic en la referencia **A3** y pulse la tecla `F4` al menos tres veces hasta que la referencia cambie por: `$A3`.

11. Clic en la referencia **B2** y pulse la tecla `F4` al menos dos veces hasta que la referencia cambie por: `B$2`.

    La fórmula sería: `=$A3*B$2`, el signo dólar delante de la letra de columna (A) significa que la columna A no se mueve mientras que las filas sí. En la otra referencia, es la fila (2) la que no se mueve mientras que las columnas sí lo hacen. Esto da una flexibilidad para copiar la fórmula sin problemas y obtener los resultados correctos.

12. Pulse `Ctrl+Enter` y use el controlador de relleno hacia la derecha hasta **K3** y luego hacia abajo hasta **K12**.

Figura 6. 15. Resultado final de la tabla de multiplicar.

13. Guarde su libro con el nombre **Mis referencias.xlsx**. Luego, ciérrelo.

Trabajar con funciones

Las funciones son muy útiles a la hora de crear fórmulas complejas, por ejemplo, si utiliza una fórmula ordinaria como: *=A1+A2+A3+A4+A5+A6*, el resultado será el correcto, pero tuvo que emplear algún tiempo para crear la fórmula. Ahora, imagínese que tenga 100 celdas el cual tiene que sumar, ¿Piensa crear la misma fórmula?

Las funciones le ayudarán a simplificar el trabajo, por ejemplo: *=SUMA(A1:A100)*. Entre las funciones básicas tenemos:

- SUMA

- PROMEDIO

- MAX

- MIN

- CONTAR

Para insertar una función siga estos pasos:

Para insertar función en la celda seleccionada

1. Escriba la función directamente en la celda. Comience con el signo **igual** (=) a continuación el nombre de la función, y los argumentos encerrado entre paréntesis. Por ejemplo **=SUMA(A1:A10).** Esta fórmula suma los datos desde A1 hasta A10.

2. Pulse `Ctrl+Enter`.

o

1. Clic en la ficha **Inicio** y en el grupo **Editar**, clic en la flecha desplegable del botón **Autosuma**.

2. Clic en la función que quiera usar.

3. Edite los argumentos necesarios y pulse `Ctrl+Enter`.

o

1. Active el cuadro de diálogo **Insertar función** utilizando alguna de estas acciones:

   - Clic en el botón **Insertar función** (**fx**) ubicado en la barra de fórmulas.

   - Clic en la flecha desplegable **Autosuma** y clic en **Más funciones**.

   - Clic en la ficha **Fórmulas**, y en el grupo **Biblioteca de funciones**, clic en **Insertar función**.

Figura 6. 16. Cuadro de diálogo Insertar función.

2. En la sección **Seleccionar función**, clic en la función que quiera usar. También puede usar el cuadro **Buscar una función** y clic en el botón **Ir** y luego seleccionar la función que va a utilizar.

3. Clic en **Aceptar**. Se abre el cuadro de diálogo **Argumentos de función**.

4. Seleccione los datos en los cuadros de argumentos de la función.

5. Clic en **Aceptar** del cuadro de diálogo **Argumentos de función**.

Figura 6. 17. Cuadro de diálogo Argumentos de función.

Función SUMA

=SUMA(número1,número2, ...)

Permite realizar una suma de números o rangos de celda. El argumento *número1* puede ser un número, una celda o un rango. Pude agregar hasta 255 argumentos más.

EJERCICIO En el siguiente ejercicio aprenderá a usar la función SUMA. Se usará el archivo **Resumen_Ganancias.xlsx** ubicado en **C: | OfficeData | Capítulo 6.**

> *Abrir el libro Resumen_Ganancias.xlsx.*

1. En B12 ingrese el texto: *Totales*.

2. En C12 escriba: *=SU*.

Observe que aparece una lista desplegable de funciones predeterminadas que comienzan con la palabra escrita.

Figura 6. 18. Lista de funciones coincidentes con lo que escribe.

3. Doble clic en la opción **SUMA**.

   La función **SUMA** se agrega a la celda y deja un paréntesis abierto para completar el argumento.

4. Seleccione el rango **C3:C10**. Estos serán los argumentos. Después, cierre el paréntesis.

5. Pulse `Ctrl+Enter` para obtener el resultado.

6. Use el controlador de relleno para completar los resultados a la derecha.

7. Guarde los cambios.

> *No cierre el libro, lo usará en el próximo ejercicio.*

Función PROMEDIO

`=Promedio(número1,número2…)`

Esta función permite obtener el promedio, o también llamado media aritmética, de ciertos valores o celdas. Los argumentos pueden ser números, nombres, rangos o referencias de celda que contengan números.

Lo que hace la función es sumar todos los valores para luego dividirla entre el número de sumandos.

EJERCICIO En el siguiente ejercicio aprenderá a usar la función PROMEDIO. Se usará el archivo **Resumen_Ganancias.xlsx** ubicado en **C: | OfficeData | Capítulo 6.**

> *Continúe con el libro **Resumen_Ganancias.xlsx**.*

1. Clic en B13 y escriba: `Promedio`.

2. Seleccione la celda C13.

3. En la ficha **Inicio**, en el grupo **Editar**, clic en la flecha desplegable **Autosuma**, y clic en **Promedio**.

   La función **PROMEDIO** se inserta en la celda y como argumento se selecciona **C12**. Sin embargo, el argumento no es el correcto, a continuación, va a solucionar ese error.

4. Seleccione **C3:C10**.

   Los argumentos ahora sí son los correctos.

5. Pulse `Ctrl+Enter` para obtener el resultado.

6. Use el controlador de relleno para completar los resultados a la derecha.

7. Guarde los cambios.

> *No cierre el libro, lo usará en el próximo ejercicio.*

Función MAX

`MAX(número1,número2, ...)`

Esta función devuelve el valor más alto de una lista o rango. Cuando utiliza **MAX**, tiene hasta 255 argumentos que puede agregar.

EJERCICIO En el siguiente ejercicio aprenderá a usar la función MAX. Se usará el archivo **Resumen_Ganancias.xlsx** ubicado en **C: | OfficeData | Capítulo 6.**

> *Continúe con el libro **Resumen_Ganancias.xlsx**.*

1. En B14 agregue el texto: `Valor más alto`.

2. Seleccione la celda C14.

3. En la ficha **Fórmulas**, en el grupo **Biblioteca de funciones**, clic en el botón **Insertar función**.

    Se abre el cuadro de diálogo **Insertar función**.

4. Dentro del cuadro **Buscar una función**, escriba: `Max`.

5. Clic en el botón **Ir**.

    Se muestra una lista de funciones que pueden coincidir con el criterio de búsqueda, entre ellos la función **MAX**.

6. Clic en **MAX** y clic en **Aceptar**.

    Se abre el cuadro de diálogo **Argumentos de función**, con el argumento **Número1** en **C13**.

7. Seleccione el rango **C3:C10** y clic en **Aceptar**.

    El resultado aparece en la celda.

8. Use el controlador de relleno para completar los resultados a la derecha.

9. Guarde los cambios.

> *No cierre el libro, lo usará en el próximo ejercicio.*

Función MIN

`MIN(número1;número2; ...)`

Devuelve el valor mínimo de un conjunto de valores. Esto funciona a la inversa que la función anterior, MAX.

EJERCICIO En el siguiente ejercicio aprenderá a usar la función MIN. Se usará el archivo **Resumen_Ganancias.xlsx** ubicado en **C: | OfficeData | Capítulo 6**.

> *Continúe con el libro **Resumen_Ganancias.xlsx**.*

1. En **B15** escriba: `Valor más bajo`.

2. Seleccione **C15:E15**.

3. Escriba: *=MIN(C3:C10)*.

4. Pulse *Ctrl+Enter*.

Los resultados aparecen en todas las celdas seleccionadas.

5. Guarde los cambios y cierre el libro.

	A	B	C	D	E	F
1			Resumen de ganancias			
2		Países	Ingresos	Egresos	Ganancias	Fechas
3	Principales Mercados	España	1,500.0 €	120.0 €	1,380.0 €	viernes, 1 de enero de 2016
4		México	1,320.0 €	250.0 €	1,070.0 €	sábado, 2 de enero de 2016
5		Perú	2,200.0 €	145.0 €	2,055.0 €	domingo, 3 de enero de 2016
6		Colombia	1,800.0 €	223.0 €	1,577.0 €	lunes, 4 de enero de 2016
7		Argentina	1,750.0 €	221.0 €	1,529.0 €	martes, 5 de enero de 2016
8		Ecuador	950.0 €	1,200.0 €	-250.0 €	miércoles, 6 de enero de 2016
9		Brasil	1,678.0 €	200.0 €	1,478.0 €	jueves, 7 de enero de 2016
10		Estados Unidos	2,250.0 €	450.0 €	1,800.0 €	viernes, 8 de enero de 2016
11						
12		Totales	13,448.0 €	2,809.0 €	10,639.0 €	
13		Promedio	1,681.0 €	351.1 €	1,329.9 €	
14		Valor más alto	2,250.0 €	1,200.0 €	2,055.0 €	
15		Valor más bajo	950.0 €	120.0 €	-250.0 €	

Figura 6. 19. Resultado de las funciones utilizadas en Resumen_Ganancias.xlsx.

Función CONTAR

CONTAR(valor1; [valor2],...)

La función CONTAR cuenta la cantidad de celdas que contienen números. Use la función CONTAR para obtener la cantidad de celdas que contengan números. Por ejemplo, puede escribir la siguiente fórmula para contar los números en el rango A1:A20: *=CONTAR(A1:A20)*.

EJERCICIO En el siguiente ejercicio aprenderá a usar la función CONTAR. En este ejercicio se muestra una lista de descargas de ebook por minuto, cuando hay una descarga aparece el número **1**, si no lo hay, aparece **#N/A**. Se usará el archivo **Descargas_ebook.xlsx** ubicado en **C: | OfficeData | Capítulo 6.**

Abrir el libro Descargas_ebook.xlsx.

1. Clic en la celda **E7**.

Es aquí donde escribirá su fórmula.

2. Agregue lo siguiente: *=CONTAR (*

3. El primer argumento debe ser un valor, en este caso, seleccione el rango **C7:C127**.

4. Cierre paréntesis.

5. Pulse *Ctrl+Enter*.

   El resultado son 51 descargas.

6. Guarde los cambios y cierre el libro.

Errores en las fórmulas

Si está trabajando con muchas fórmulas en sus hojas de Excel, lo más probable es que en algún momento aparezca un código de error. Cuando ingresa una fórmula o modifica algún valor de ella, quizá Excel muestre alguno de estos errores:

- **#¡DIV/0!** Este error aparece cuando se intenta realizar alguna división entre cero o quizá una celda vacía. Por ejemplo, si desea realizar la siguiente operación: =10/0 entonces el resultado será *#¡DIV/0!* Pues no existe una división entre 0.

- **#N/A** Este error es muy común, nos indica que no está disponible el valor deseado y que la fórmula no podrá mostrar el resultado correcto. Algunos usuarios utilizan la función *NOD* a propósito para indicar que faltan datos.

- **#NOMBRE?** Este error también es muy común dentro de una hoja de Excel. Indica que está mal escrito el nombre de una función, o quizá porque ha incluido el nombre de un rango sin ser todavía creado.

- **#¡NULO!** Este error puede aparecer cuando no existe o no se utiliza correctamente los separadores de lista **(,)** o **(;)** de una función.

- **#¡NUM!** Este error indica que algún valor numérico no funciona como argumento en la función. Por ejemplo, si en la celda B3 hay un negativo y desea usar la función RAIZ el resultado es el error #¡NUM!**,** pues la función raíz no puede operar ante un número negativo.

- **#¡REF!** Este error nos indica que la fórmula presenta una referencia de celda no valida, por ejemplo: `=A1*B1`. Devuelve el error `#¡REF!` si de casualidad se eliminara la columna **A** o la columna **B**.

- **#¡VALOR!** Este error aparece cuando no se ha utilizado un argumento correctamente, esto suele suceder cuando introduce un texto cuando la función pide un número, por ejemplo: `=RAIZ("Mary")`.

Ordenar y filtrar datos

Al agregar más contenido a una hoja, organizar la información es sumamente importante. En Excel puede ordenar sus datos fácilmente con herramientas especializadas que las puede encontrar en la ficha **Inicio**, dentro del grupo **Editar**, y haciendo clic en el botón desplegable **Ordenar y filtrar**. En esta lista desplegable puede encontrar:

- **Ordenar de A a Z:** Ordena la selección colocando los datos en modo alfabético.

- **Ordenar de Z a A:** Ordena la selección colocando los datos en modo alfabético invertido.

- **Ordenar de menor a mayor:** Ordena la selección colocando los valores más bajos en la parte superior de la columna.

- **Ordenar de mayor a menor:** Ordena la selección colocando los valores más altos en la parte superior de la columna.

- **Orden personalizado:** Muestra el cuadro de diálogo **Ordenar,** tal como lo muestra la Figura 6. 20, que le permite ordenar sus datos a través de varios criterios.

Figura 6. 20. Cuadro de diálogo Ordenar.

EJERCICIO En el siguiente ejercicio aprenderá a utilizar las herramientas de ordenamiento de datos. Se usará el archivo **Ordenar.xlsx** ubicado en **C: | OfficeData | Capítulo 6.**

> *Abrir el libro **Ordenar.xlsx**.*

1. Seleccione la lista entera de datos **B2:F10**.

2. En la ficha Inicio, en el grupo Editar, clic en el botón desplegable **Ordenar y filtrar**.

3. Clic en **Ordenar de A a Z**.

    Los datos se ordenan alfabéticamente por países.

Figura 6. 21. Opciones de Ordenar y filtrar.

4. Ahora, seleccione nuevamente la lista de datos, pero esta vez empezando desde **F2** hasta **B10**.

5. Clic en **Ordenar y filtrar**.

    Note que algunas opciones han cambiado.

6. Clic en **Ordenar del más reciente al más antiguo**.

    La lista de datos se ordena por la columna **Fecha** mostrando como primer dato el 8 de enero.

7. Con la lista de datos aún seleccionada, clic en **Ordenar y filtrar** y clic en **Orden personalizado**.

    Se abre el cuadro de diálogo **Ordenar**.

8. En la sección **Columna**, en **Ordenar por**, clic en la flecha desplegable y seleccione **Países**.

9. En la sección **Ordenar según**, seleccione **Color de celda**.

10. En la sección Criterio de ordenación, seleccione el color **Azul** y verifique que esté seleccionado **En la parte superior**.

Figura 6. 22. Ordenar por color.

11. Clic en **Aceptar**.

La lista de datos se ordena por los colores de los países.

12. Guarde los cambios y cierre el libro.

Si su hoja tiene grandes cantidades de datos puede ser difícil encontrar la información que quiere rápidamente. Puede aplicar filtros para mostrar solo los datos que le interesen mientras los demás se ocultan temporalmente. El filtrado de datos muestra solo las filas que juntan los criterios que especifique, por ejemplo, números que superen los 5 mil, o datos que sean del 2016.

EJERCICIO En el siguiente ejercicio aprenderá a utilizar filtros de datos. Se usará el archivo **Filtrar.xlsx** ubicado en **C: | OfficeData | Capítulo 6.**

> *Abrir el libro **Filtrar.xlsx**.*

1. Seleccione la lista de datos **B2:G18**.

2. En la ficha Inicio, grupo **Editar**, clic en el botón desplegable **Ordenar y filtrar**.

3. Clic en **Filtro**.

Note que los encabezados de la lista de datos tienen una flecha desplegable al lado derecho.

4. Clic en la flecha desplegable **Ubicación** y clic en **Ordenar de A a Z**.

   La lista de datos se ordena por ubicación, listando primero a **Asia**.

5. En **Países**, ordene de **Z a A**.

   Se muestra primero a **Reino Unido**.

6. Clic en la flecha desplegable de la columna **Ubicación**.

7. Clic en la casilla **(Seleccionar todo)**.

   De esta manera, todas las casillas quedan deshabilitadas.

8. Clic en la casilla de **Europa** y clic en **Aceptar**.

   La lista de datos oculta las filas que no cumplan con el criterio elegido y muestra solo las que tengan **Europa** como ubicación.

Figura 6. 23. Filtrar solo Europa.

9. Clic en la flecha desplegable -ahora se muestra como un embudo- de **Ubicación**, y clic en **Borrar filtro de "Ubicación"**.

   La lista de datos vuelve a mostrar todas las filas.

10. Clic en la flecha desplegable de **Fecha**.

11. Señale **Filtros** de fecha y clic en **Este mes**.

   Se muestra solo las filas que sean del mes actual.

12. Quite el filtro de fecha, guarde los cambios y cierre el libro.

Formato condicional

Entre los numerosos detalles en una hoja de cálculo, puede abanderar, marcar o resaltar valores específicos que deberían sobresalir por alguna razón. El formato condicional le permite hacer esto acorde a reglas particulares que crea por sí mismo. Para aplicar un formato condicional debe seleccionar solo los datos mas no los encabezados. Luego, ir al botón desplegable **Formato condicional** -ubicado en la ficha **Inicio**, grupo **Estilos**- y seleccionar la opción que necesita.

EJERCICIO En el siguiente ejercicio aprenderá a utilizar el formato condicional. Se usará el archivo **Formato_Condicional.xlsx** ubicado en **C: | OfficeData | Capítulo 6.**

> *Abrir el libro **Formato_Condicional.xlsx**.*

1. Seleccione toda la columna de datos de Ganancias.

2. En la ficha **Inicio**, en el grupo **Estilos**, clic en el botón desplegable **Formato condicional**.

3. De las opciones, señale **Barra de datos** y clic en **Barra de datos Azul claro**.

    La columna **Ganancias** muestra unas barras azules que representan los valores gráficamente.

Figura 6. 24. Formato condicional Barra de datos.

4. Seleccione toda la columna **Ingresos**.

5. Clic en **Formato condicional**, y señale **Conjunto de iconos**.

6. Clic en **3 semáforos (sin marco)**.

   Aparecen unos círculos de colores representando los ingresos.

7. Seleccione toda la lista de datos sin incluir los encabezados, es decir, **B3:G18**.

8. Clic en **Formato condicional** y clic en **Nueva regla**.

   Se abre el cuadro de diálogo **Nueva regla de formato**.

9. En la sección *Seleccionar un tipo de regla*, clic en **Utilice una fórmula que determine las celdas para aplicar formato**.

10. En el cuadro **Dar formato a los valores donde esta fórmula sea verdadera** escriba: *=$B3=$I$3*.

    Donde I3 es la celda única donde se elige el nombre de una ubicación. Vea su hoja de Excel.

Figura 6. 25. Cuadro de diálogo Nueva regla de formato

11. Clic en el botón **Formato**.

    Se abre el cuadro de diálogo **Formato de celdas**.

12. Clic en la ficha **Relleno**, y en la paleta de colores, clic en el color que desee.

13. Clic en **Aceptar** del cuadro de diálogo **Formato de celdas**.

Figura 6. 26. Cuadro de diálogo Formato de celdas con la ficha Relleno activa.

14. Clic en **Aceptar** del cuadro de diálogo **Nueva regla de formato**.

    Observe que, en base al texto de la celda **I3**, se marca toda la fila.

15. En **I3**, clic en la flecha desplegable y seleccione **Sudamérica**.

    Todas las filas que tengan la ubicación **Sudamérica** se marcan.

Figura 6. 27. Lista de datos.

16. Guarde los cambios y cierre el libro.

Capítulo 7: Trabajar con Datos en Excel

En este capítulo aprenderá a:

- Trabajar con funciones lógicas

- Trabajar con funciones de búsqueda

- Aplicar validación de datos

- Convertir listas en tablas

- Insertar gráficos

> *Use la carpeta Capítulo7 para los ejercicios de este capítulo.*

Aprender a trabajar con sus datos es saber utilizar las herramientas adecuadas para resumir y presentar la información apropiada. Puede usar la validación de datos para obligar al usuario a introducir datos que cumplan ciertas reglas. Puede insertar gráficos para resumir datos estadísticos y ser visualmente presentables. Puede usar funciones para buscar datos precisos en una tabla de datos. Puede convertir una gran lista de datos en una tabla de datos como tal para el ingreso y muestreo de información.

Muchas de estas herramientas de Excel se explicarán en este capítulo, con ejercicios que ayudarán a comprender mejor el manejo de sus datos.

Funciones lógicas

Las funciones lógicas comprueban las celdas y rangos y retornan un resultado lógico en forma de texto (Verdadero o Falso) o números (1 o 0). Una función lógica opera bajo una comprobación lógica. Por ejemplo, si quiere aplicar una simple suma basado en si la celda tiene un número en él, puede usar la función *SI* para comprobar la celda y luego hacer la suma si el resultado es verdadero.

Función SI

=SI(prueba_lógica,valor_si_verdadero,valor_si_falso)

Devuelve un valor si la condición especificada es verdadera y otro valor si dicho argumento es falso. Utilice *SI* para realizar pruebas condicionales en valores y fórmulas.

EJERCICIO En el siguiente ejercicio aprenderá a utilizar la función lógica **SI**. Tendrá obtener el 30% de retención de las ganancias si su ubicación es Europa. Se usará el archivo **Función_Lógica.xlsx** ubicado en **C: | OfficeData | Capítulo 7.**

> *Abrir el libro **Función_Lógica.xlsx**.*

1. Seleccione la celda H3.

2. Escriba: *=SI(B3="Europa";F3*30%;0)*.

   La primera parte *=SI(B3="Europa"* comprueba que la celda B3 tenga el texto "**Europa**".

   El punto y coma **(;)** o la coma **(,)** son los que separan los argumentos.

   La segunda parte *F3*30%* es la operación que se realiza cuando la función encuentra el texto "**Europa**".

   El último argumento, el cero, es el que aparece cuando la función no encuentra el texto "**Europa**".

3. Pulse *Ctrl+Enter* para obtener el resultado.

4. Use el controlador de relleno para completar la columna **Retención**.

5. Guarde los cambios y cierre el libro.

Función SI ANIDADO

Cuando se usa la función SI solo se permiten tres argumentos. Muchas veces tendrá que hacer más de dos preguntas y a su vez obtener más que solo una respuesta verdadera y falsa, así que, puede juntar varios SI en una fórmula un poco más larga que lo habitual.

EJERCICIO En el siguiente ejercicio usará la función **Si anidado** para obtener resultados basados en varias condiciones lógicas. Si es **M** significa **Masculino**, **F** significa **Femenino** y cualquier otra letra que se escriba en las celdas aparecerá el texto **No Procede**. Se usará el archivo **Si_Anidado.xlsx** ubicado en **C: | OfficeData | Capítulo 7.**

> *Abrir el libro **Si_Anidado.xlsx.***

1. En **C3** escriba lo siguiente: `=si(B3="M","Masculino"`

   Hasta ahí solo se ha dicho que, si en **B3** se encuentra la letra **M** aparecerá el texto **Masculino**.

2. Agregue: `;si(B3="F","Femenino"`

   El punto y coma (**;**) o coma (**,**) separa el argumento del primer **SI**, y ahora está agregando otro **SI** para preguntarle a **B3** si de casualidad encuentra la letra **F** para que luego aparezca la palabra **Femenino**.

3. Ahora sí, puede agregar el último argumento: `;"No Procede"))`

   Al final debe cerrar un paréntesis por el segundo SI, y el último paréntesis pertenece al primer SI. Su fórmula debe ser igual a lo siguiente:

   `=SI(B3="M","Masculino",SI(B3="F","Femenino","No Procede"))`

4. Use el controlador de relleno para completar los resultados.

5. Guarde los cambios y cierre el libro.

Figura 7. 1. Resultado de la función SI anidada.

Funciones de búsqueda

Las funciones de búsqueda son las más usadas y a la vez las que más dudas deja en los usuarios. Muchos de ellos utilizan Excel para gestionar sus datos almacenados en listas, y a veces necesitará buscar cierta información asociada a un elemento. Por ejemplo, si tiene una tabla de datos con varios productos, es posible que estos estén organizados por códigos, así que usará esos códigos para encontrar el producto y toda la información relacionada a él.

Función BuscarV

`=BUSCARV(valor_buscado,matriz_buscar_en,indicador_columnas,ordenado)`

La función BUSCARV busca un valor dentro de una tabla a través de las columnas (verticalmente) y devuelve el valor correspondiente basado en una columna específica.

EJERCICIO En el siguiente ejercicio aprenderá a utilizar la función **BUSCARV** para buscar los datos de un empleado utilizando solo su código de empleado. Se usará el archivo **Referencias.xlsx** ubicado en **C: | OfficeData | Capítulo 7**.

> *Abrir el libro **Referencias.xlsx**.*

1. Seleccione la celda **B3**.

2. Añada la fórmula: `=BUSCARV(B2;A12:G20;2;FALSO)`.

   Esta función posee cuatro argumentos. El primero es decirle a partir de qué dato se va a buscar, y este dato está en **B2**. Luego, debe seleccionar la tabla completa sin encabezados, ese es el argumento `A12:G20`. Después, se agrega el número `2` como argumento para decirle en qué columna se encuentran los datos que desea saber. La columna *Apellidos* es la columna dos de la tabla.

   Por último, el argumento Falso equivale a la precisión de la búsqueda.

3. Pulse `Ctrl+Enter` para obtener el resultado.

4. Adapte la fórmula que usa la función **BuscarV** en **B3** para **B4**, **B5**, **B6**, **B7** y **B8**.

5. Después de terminar las acciones del paso 4, clic en la flecha desplegable de la celda B2 y seleccione diversos códigos de empleados para ver la precisión de la búsqueda.

Función BuscarH

`=BUSCARH(valor_buscado,matriz_buscar_en,indicador_filas,ordenado)`

La función BUSCARH busca un valor dentro de una tabla a través de las filas (horizontalmente) y devuelve el valor correspondiente basado en una columna específica.

EJERCICIO En el siguiente ejercicio usted aprenderá a utilizar la función BUSCARV para buscar las ganancias de cada producto por país. Se usará el archivo **Referencias_2.xlsx** ubicado en **C: | OfficeData | Capítulo 7**.

> *Abrir el libro **Referencias.xlsx**.*

1. Seleccione la celda **B3**.

2. Añada la fórmula: `=BUSCARH(B2;B8:E11;2;FALSO)`.

   Esta función posee cuatro argumentos. El primero es decirle a partir de qué dato se va a buscar, y este dato está en **B2**. Luego, debe seleccionar la tabla completa sin encabezados, ese es el argumento `B8:E11`.

Después, se agrega el número *2* como argumento para decirle en qué fila se encuentran los datos que quiero saber. La fila *eBooks* es la fila 2 de la tabla.

Por último, el argumento Falso equivale a la precisión de la búsqueda.

3. Pulse `Ctrl+Enter` para obtener el resultado.

4. Adapte la fórmula que usa la función **BuscarH** en **B3** para **B4** y **B5**

5. Después de terminar las acciones del paso 4, clic en la flecha desplegable de la celda **B2** y seleccione diversas ciudades para ver la precisión de la búsqueda.

	A	B	C	D	E
1					
2	Ganancias	Estados Unidos			
3	eBooks	3560			
4	Cursos	7564			
5	Books	10125			
6					
7					
8	Productos Ciudades	España	Estados Unidos	Reino Unido	México
9	eBooks	4500	3560	3500	3250
10	Cursos	11200	7564	546	11000
11	Books	8956	10125	3200	1100
12					

Figura 7. 2. Ejercicio BuscarH terminado.

6. Guarde los cambios y cierre el libro.

Validación de datos

La característica de **Validación de Datos** le permite establecer reglas que imponga qué puede ser ingresado en una celda. Por ejemplo, puede querer limitar la entrada de datos en una celda solo para los números enteros entre 1 y 20. Si el usuario hace una entrada no válida, se mostrará un mensaje indicándole sobre la restricción.

Además, la validación de datos va mucho más allá permitiéndole crear listas que aparecerán en una celda junto a una flecha desplegable, restringir la entrada a cierta cantidad de caracteres y hasta usar fórmulas.

Para usar la validación de datos debe abrir el cuadro de diálogo Validación de datos siguiendo estos pasos:

1. Clic en la ficha **Datos**.

2. En el grupo **Herramientas de datos**, clic en el botón **Validación de datos.**

Figura 7. 3. Cuadro de diálogo Validación de datos.

1. Seleccione la celda o rangos al que quiera aplicar validación.

2. Ingrese al cuadro de diálogo **Validación de datos**.

3. En la ficha **Configuración**, clic en la flecha desplegable del cuadro **Permitir**.

4. Seleccione **Número Entero** o **Decimales** según sea el caso. Las opciones del cuadro de diálogo cambian para reflejar las alternativas que se aplican a números enteros.

5. En el desplegable **Datos**, seleccione la opción que se adecue a sus necesidades.

6. Dependiendo de la opción elegida en el desplegable **Datos**, agregue un número o seleccione una celda para añadir valores mínimos o máximos.

7. Clic en **Aceptar**.

Para crear una lista desplegable

1. Seleccione la celda o rangos al que quiera aplicar validación.

2. Ingrese al cuadro de diálogo **Validación de datos**.

3. En la ficha **Configuración**, clic en la flecha desplegable del cuadro **Permitir**.

4. Seleccione **Lista**. Las opciones del cuadro de diálogo cambian para reflejar las alternativas que se aplican a las listas.

5. En el cuadro **Origen** realice alguna de estas acciones:

   - Agregue el texto manualmente separado por punto y coma: *texto1; texto2; texto3*.

   - Seleccione un rango de datos.

6. Clic en **Aceptar**.

Para permitir cierta cantidad de caracteres

1. Seleccione la celda o rangos al que quiera aplicar validación.

2. Ingrese al cuadro de diálogo **Validación de datos**.

3. En la ficha **Configuración**, clic en la flecha desplegable del cuadro **Permitir**.

4. Seleccione **Longitud del texto**. Las opciones del cuadro de diálogo cambian para reflejar las alternativas que se aplican a la longitud de textos.

5. En el desplegable **Datos**, seleccione la opción que se adecue a sus necesidades.

6. Dependiendo de la opción elegida en el desplegable **Datos**, agregue un número o seleccione una celda para añadir valores mínimos o máximos.

7. Clic en **Aceptar**.

Para insertar una fórmula como validación

1. Seleccione la celda o rangos al que quiera aplicar validación.

2. Ingrese al cuadro de diálogo **Validación de datos**.

3. En la ficha **Configuración**, clic en la flecha desplegable del cuadro **Permitir**.

4. Seleccione **Personalizada**. Las opciones del cuadro de diálogo cambian para reflejar las alternativas que se aplican a las fórmulas.

5. En el cuadro **Fórmula**, agregue una fórmula adaptada a la validación.

6. Clic en **Aceptar**.

1. Seleccione la celda o rangos al que quiera permitir cualquier valor o quitar la validación.

2. Ingrese al cuadro de diálogo **Validación de datos**.

3. En la ficha **Configuración** y realice alguno de estos métodos.

   - Clic en la flecha desplegable del cuadro **Permitir** y clic en **Cualquier valor**.

   - Clic en el botón **Borrar todos**.

4. Clic en **Aceptar**.

Una forma de ayudar a que el ingreso de datos sea correcto, son los mensajes de validación. Cuando elije un mensaje de entrada, se mostrará una etiqueta -con un mensaje- que le indicará los datos que debe ingresar. El otro tipo es un mensaje de error y avisa al usuario, mediante un cuadro de diálogo, que está cometiendo un error y que debe intentar volver a ingresar el dato. Puede agregar ambos mensajes en su validación si lo desea.

1. Seleccione la celda o rangos al que quiera aplicar validación y a su vez un mensaje de entrada.

2. Ingrese al cuadro de diálogo **Validación de datos**.

3. En la ficha **Configuración** realice los cambios necesarios.

4. Clic en la ficha **Mensaje de entrada**.

5. En el cuadro **Título**, escriba un título para su mensaje.

6. En el cuadro **Mensaje de entrada**, escriba un mensaje -algo breve- para informar al usuario los datos que debe ingresar.

7. Clic en **Aceptar**.

Figura 7. 4. Mensaje de entrada al seleccionar la celda.

Para agregar un mensaje de error

1. Seleccione la celda o rangos al que quiera aplicar validación y a su vez un mensaje de error.

2. Ingrese al cuadro de diálogo **Validación de datos**.

3. En la ficha **Configuración** realice los cambios necesarios.

4. Clic en la ficha **Mensaje de error**.

5. Clic en la flecha del desplegable **Estilo** y seleccione entre estas opciones:

   - **Detener:** Muestra un mensaje si el dato no es correcto y no te permitirá ingresarlo.

   - **Advertencia:** Muestra un mensaje si el dato no es correcto y te da opción de ingresar el dato, no ingresarlo o cancelar para añadir uno nuevo.

   - **Información:** Muestra un mensaje si el dato no es correcto y te da opciones de aceptar el dato o cancelarlo.

6. En el cuadro **Título**, escriba un título para su mensaje.

7. En el cuadro **Mensaje de error**, escriba un mensaje -algo breve- para informar al usuario los datos que debe ingresar.

8. Clic en **Aceptar**.

Figura 7. 5. Cuadro de diálogo Detener cuando un dato no es el correcto.

Hazlo tú mismo

En este ejercicio aplicará validación a sus datos, añadirá un mensaje de entrada y de error, creará una lista desplegable y eliminará la validación de datos de una columna. Se usará el archivo **Validación.xlsx** ubicado en **C: | OfficeData | Capítulo 7.**

---

*Abrir el libro **Validación.xlsx.***

---

1. Aplique una validación de datos a las notas de la lista de datos con las siguientes configuraciones.

   - **Notas:** de **0 a 20**.

   - **Mensaje de error: Detener**. (Escriba el título y el mensaje que quiera).

   - **Mensaje de entrada:** Breve mensaje para ayudar a los usuarios a ingresar los datos.

2. Compruebe su trabajo ingresando datos que no cumplan con las configuraciones establecidas.

3. En la columna **Final**, quite la validación de datos.

4. En la celda **B17**, cree una lista con los datos de la columna **Cod_Alum**.

5. En **B17**, use la flecha desplegable para seleccione un código y vea cómo se resalta la fila completa.

   Este resaltado es porque se ha creado formato condicional. Vea Formato condicional en el Capítulo 6: Conociendo Excel 2016.

6. Aplique una validación de datos a la columna **Cod_Alum** para que solo acepte datos de seis (6) caracteres.

7. En A4, cambie AL-001 por AL-25551 y compruebe que el dato no se pueda ingresar.

8. Guarde los cambios y cierre el libro.

Figura 7. 6. Lista de alumnos con validación de datos.

Convertir listas en tablas

Excel siempre usó la característica de tablas, aunque con un nombre diferente: **Listas**. Una **tabla** es sólo un rango rectangular de datos estructurados. Las tablas están formadas por columnas al que llamamos **campos** y por filas a lo que llamamos **registros**.

> *La terminología usada es igual al de las tablas en Access*

Los campos en las tablas representan los nombres de los datos que se va a ingresar. Por ejemplo, si nos basamos a una tabla de empleados, puede tener los campos **Nombres**, **Apellidos**, **DNI**, etc. Los registros son las entidades dentro de una tabla. Cada registro puede contener información valiosa de un empleado.

Figura 7. 7. Lista de datos convertido en Tabla.

En este libro, las tablas de datos que ha usado durante varios ejercicios se les ha llamado listas de datos, solo para evitar la confusión con las tablas oficiales en Excel. La diferencia radica en el formato y la potencia que tienen las tablas para resumir datos y realizar otras acciones. Es más, se recomienda usar tablas para luego crear tablas y gráficos dinámicos.

> *Debido a la naturaleza de este libro, no se han incluido los temas de* **Tablas dinámicas** *y* **Gráficos dinámicos**. *Sin embargo, puede recurrir al libro* **Tablas Dinámicas con Excel para Perezosos** *de esta misma casa editorial.*

Para convertir una lista de datos en tablas y usar todo su potencial, siga estos pasos:

Para convertir lista de datos en tablas

1. Clic en alguna parte de la lista de datos.

2. Clic en la ficha **Insertar**, y en el grupo **Tablas**, clic en **Tabla**. Se abre el cuadro de diálogo **Crear tabla**.

Figura 7. 8. Cuadro de diálogo Insertar tabla.

3. En el cuadro **¿Dónde están los datos de la tabla?** Verifique que la selección haya sido la correcta. En caso no sea así, vuelva a seleccionar manualmente.

4. Active la casilla **La tabla tiene encabezados** si es que la lista de datos la tuviese. Si no fuera así, Excel creará una fila más encima de toda la lista de datos que servirá como encabezados.

5. Clic en **Aceptar**. La lista de datos se convierte en una tabla y muestra un formato diferente.

Cuando una lista de datos es convertida a tabla aparece la ficha contextual **Herramientas de tabla**, con su ficha **Diseño**. En esta ficha encontrará los comandos necesarios para trabajar con sus tablas. La ficha desaparece cuando hace clic en una celda que no pertenezca a las dimensiones de la tabla.

Para cambiar el estilo de la tabla

1. En la ficha **Diseño**, en el grupo **Estilos de tabla**, realice alguna de las siguientes acciones en la galería de estilos:

    -   Clic en alguna opción de la galería.

    -   Use las flechas arriba y abajo para ver más estilos y clic en el que quiera.

    -   Clic en el botón **Más** de la galería para que despliegue la galería de estilos y clic en el estilo que quiera.

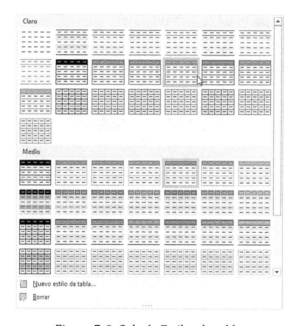

Figura 7. 9. Galería Estilos de tabla.

Para activar la fila de totales al final de la tabla

1. En la ficha **Diseño**, en el grupo **Opciones de estilos de tabla**, clic en la casilla **Fila de totales**.

o

1. Clic derecho a la tabla y seleccione **Tabla**.

2. Clic en **Fila de totales**.

1. Al final de la tabla, clic en la flecha desplegable de alguna columna.

2. Clic en la función que desee.

Figura 7. 10. Lista de funciones en la flecha desplegable Totales.

1. Clic en la flecha desplegable del nombre de campo.

2. Clic en alguna de las opciones de ordenamiento:

   - **Con textos: Ordenar de A a Z** u **Ordenar de Z a A**.

   - **Con Números: Ordenar de menor a mayor** u **Ordenar de mayor a menor**.

   - **Con Fechas: Ordenar de más antiguo a más reciente** u **Ordenar de más reciente a más antiguo**.

1. Clic en la flecha desplegable del nombre de campo.

2. Clic en alguna de las opciones de filtro que necesita:

   - **Filtros de texto**

   - **Filtros de número**

   - **Filtros de fecha**

Para convertir tabla en rango

1. En la ficha **Diseño**, en el grupo **Herramientas**, clic en el botón **Convertir en rango**. Se abre un cuadro de mensaje preguntándole si quiere convertir la tabla en un rango común.

2. Clic en **Sí**.

Para aplicar segmentación de datos para filtrar

1. En la ficha **Diseño**, en el grupo **Herramientas**, clic en el botón **Insertar Segmentación de datos**. Se abre el cuadro de diálogo **Insertar segmentación de datos**.

2. Dentro del cuadro de diálogo **Insertar segmentación de datos,** clic en las casillas que representan a los campos de la tabla.

3. Clic en **Aceptar**. Se abre una ventana de diálogo que representa al campo seleccionado.

Figura 7. 11. Cuadro de diálogo Insertar segmentación de datos.

4. En la ventana de diálogo del campo, clic en los globos azules que representan datos únicos del campo para filtrar datos.

Figura 7. 12. Ventana de diálogo con datos únicos.

Para elegir varios datos en la segmentación

1. En la ventana de diálogo del campo, realice alguna de estas acciones:

   - Clic en el botón **Selección múltiple.**

   - Pulse `Alt+S`**.**

2. Clic en uno o varios globos azules que representan datos únicos del campo para filtrar datos.

Para quitar filtro de segmentación

1. En la ventana de diálogo del campo, realice alguna de estas acciones:

   - Clic en el botón **Borrar filtro.**

   - Pulse `Alt+C`**.**

2. Clic en uno o varios globos azules que representan datos únicos del campo para filtrar datos.

Para quitar ventana de diálogo de datos únicos.

1. Clic a la ventana de diálogo de datos únicos.

2. **Pulse** `Suprimir`.

Hazlo tú mismo

En este ejercicio usted convertirá una lista de datos en tabla, utilizará funciones, ordenará y aplicará filtros de segmentación, y concluirá convirtiendo la tabla en un rango. Se usará el archivo **Tablas.xlsx** ubicado en **C: | OfficeData | Capítulo 7.**

---

*Abrir el libro **Tablas.xslx***

---

1. Convierta la lista de datos en una tabla.

2. Aplique el estilo de tabla **Estilo de tabla claro 8**.

3. Active la **Fila de totales**.

4. Aplique una función en la fila de **Totales** del campo **Nombre** para saber cuántos nombres hay en la tabla. La respuesta debe ser 29.

5. Aplique una función en la fila de **Totales** del campo **Inversión** para saber cuál es el promedio de inversión. La respuesta debe ser *119479.59*.

6. Ordene el campo **Inversión** por los montos más altos hacia los más bajos.

7. Inserte las ventanas de datos únicos de la segmentación de datos para los campos **Fecha** y **Estado o provincia**.

8. Filtre los datos para que se muestren solo **Barcelona**, **Madrid** y **Zaragoza**.

9. Borre la segmentación y quite la ventana de datos únicos de **Estado y provincia**.

10. Filtre los datos para que se muestren solo los datos del mes de **abril**.

11. Borre el filtro.

12. Convierta la tabla en un rango común.

13. Guarde los cambios y cierre el libro.

Insertar gráficos

Desde Excel 2007 se pueden crear gráficos de manera más rápida. En versiones anteriores tenía que seguir un asistente de aproximadamente cuatro pasos hasta completar su gráfico, ahora simplemente existe el grupo **Gráficos** para la creación del mismo. Para comenzar a crear un gráfico puede usar alguna de las galerías del grupo **Gráfico** en la ficha **Insertar**.

El grupo gráficos ha sido renovado con nuevos gráficos (seis en total), y otros solo han sido agrupados en otras categorías. Los gráficos que presenta Excel son: Columnas o barras, Líneas o áreas, Circular o anillo, Jerarquía, Estadística, Dispersión o burbujas, Cascada o cotizaciones, Superficie o radial y Combinado.

Antes de comenzar a crear un gráfico debe tener algunos números, a lo que generalmente conocemos como datos. Los datos están almacenados en las celdas de una hoja, pero no necesariamente puede ser en una sola hoja, estos datos pueden estar en otras hojas de su mismo libro o en un libro diferente.

Para crear un gráfico

1. Seleccione sus datos utilizando estos métodos:

   - **Contiguos:** Seleccione el rango.

   - **No contiguos:** Seleccione varios rangos usando la tecla `Ctrl`.

2. Clic en la ficha **Insertar**, y en el grupo **Gráficos**, clic en el botón desplegable del tipo de gráfico que quiera insertar.

3. En la galería desplegable, clic en el gráfico que usted quiera.

Figura 7. 13. Galería de gráficos.

o

1. Seleccione sus datos contiguos.

2. Clic en el botón **Análisis rápido**. Se despliega una llamada de diálogo.

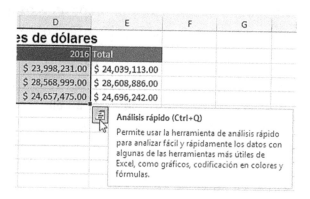

Figura 7. 14. Botón Análisis rápido.

3. En esta llamada, clic en **Gráficos** y luego clic en el gráfico que necesite.

Figura 7. 15. Llamada de diálogo Análisis rápido.

Para crear un gráfico recomendado

1. Seleccione sus datos contiguos o no contiguos.

2. Clic en la ficha **Insertar**, y en el grupo **Gráficos**, clic en el botón **Gráficos recomendados**. Se abre el cuadro de diálogo **Insertar gráficos**.

3. En la ficha **Gráficos recomendados**, verifique los gráficos que recomienda Excel para sus datos seleccionados.

Figura 7. 16. Cuadro de diálogo Insertar gráficos recomendados.

4. Clic en el gráfico que desee, y luego clic en **Aceptar**.

Una vez creado el gráfico, aparecerá la ficha contextual **Herramientas de gráficos** con sus dos fichas: **Diseño** y **Formato**.

La ficha contextual **Diseño** te permitirá cambiar el tipo de gráfico, así como guardarlo como plantilla. Además, te permite seleccionar nuevamente el origen de datos, aplicarles un diseño y un estilo a sus gráficos. También podrá mover su gráfico a una hoja nueva o una hoja existente.

La ficha contextual **Formato** te permitirá controlar el aspecto individual de los elementos del gráfico. Entre esos aspectos puede ser el cambio del efecto biselado al gráfico, así como aplicar estilos de forma, agregar efectos 3D, entre otros.

A su vez, cuando selecciona el gráfico, a la derecha aparecen botones contextuales, tal como lo muestra la Figura 7. 17, que permiten añadir elementos, cambiar el diseño y filtrar los valores en el gráfico.

Figura 7. 17. Botones contextuales de un gráfico.

Para cambiar el estilo de diseño

1. En la ficha **Diseño**, en el grupo **Estilos de diseño**, realice alguna de estas acciones:

   - Clic en alguna opción de la galería.

   - Use las flechas arriba y abajo para ver más estilos y clic en el que quiera.

   - Clic en el botón **Más** de la galería para que despliegue la galería de estilos de diseño y clic en el estilo que quiera.

Figura 7. 18. Galería estilos de diseño.

O

1. Clic en el botón contextual **Estilos de gráfico**.

2. Navegue por las opciones.

3. Clic en el estilo de diseño que necesite.

Para aplicar un diseño rápido

1. En la ficha **Diseño**, en el grupo **Diseños de gráfico**, clic en **Diseño rápido**.

2. Seleccione el diseño que necesite.

Para agregar elementos de gráfico

1. En la ficha **Diseño**, en el grupo **Diseños de gráfico**, clic en **Agregar elemento de gráfico**.

2. Seleccione el elemento como ejes, leyendas, título del gráfico, etc.

o

1. Clic en el botón contextual **Elementos de gráfico**.

2. Navegue por las opciones.

3. Clic en el estilo de diseño que necesite.

Para cambiar tipo de gráfico

1. En la ficha **Diseño**, en el grupo **Tipo**, clic en **Cambiar tipo de gráfico**. Se abre el cuadro de diálogo **Cambiar tipo de gráfico**. (Vea la Figura 7. 19)

2. En los tipos de gráficos (lado izquierdo), clic en el tipo de gráfico por el que desea cambiar.

3. Use los subtipos de gráfico (área más grande) en la parte superior del cuadro de diálogo.

4. Clic en **Aceptar**.

Para mover gráfico

1. En la ficha **Diseño**, en el grupo **Ubicación**, clic en **Mover gráfico**. Se abre el cuadro de diálogo **Mover gráfico**. (Vea la Figura 7. 20).

2. Seleccione alguna de las opciones:

   - **Hoja nueva:** Escriba en el cuadro en blanco el nombre de la hoja que tendrá su gráfico.

   - **Objeto en:** Seleccione de la lista desplegable las hojas ya creadas en el libro de Excel.

3. Clic en **Aceptar**.

Figura 7. 19. Cuadro de diálogo Cambiar tipo de gráfico.

Figura 7. 20. Mover gráfico.

Hazlo tú mismo

En este ejercicio insertará varios gráficos, los personalizará, cambiará los tipos y luego los moverá a otra hoja. Se usará el archivo **Gráficos.xlsx** ubicado en **C: | OfficeData | Capítulo 7.**

Abrir el libro Gráficos.xlsx

1. Seleccione **A2:B5** para seleccionar los datos de las empresas y la columna **2014**.

2. Inserte un gráfico de columnas agrupadas.

3. Ajuste su tamaño y posiciónelo justo debajo de la tabla de datos.

4. Inserte el mismo tipo de gráfico para el año **2015**, ajuste su tamaño, y posiciónelo a la derecha del primer gráfico.

5. Inserte el mismo tipo de gráfico para el año **2016**, ajuste su tamaño, y posiciónelo a la derecha del segundo gráfico, tal como lo muestra la Figura 7. 21.

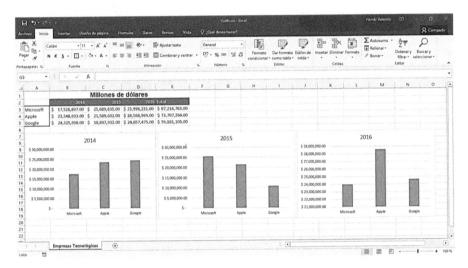

Figura 7. 21. Gráficos insertados en la hoja actual.

6. Cambie el gráfico del 2016 por un gráfico **Circular**.

7. Agregue una **leyenda a la izquierda**.

8. Agregue una etiqueta de datos al **extremo externo**.

9. Cambie al gráfico del 2015 por el estilo de diseño **Estilo 14**.

10. Cambie el tipo de gráfico del 2014 por un gráfico en **Cascada**. Tal como lo muestra la Figura 7. 22.

11. Mueva el gráfico 2015 a una nueva hoja con el nombre Mi gráfico 2015.

12. Guarde los cambios y cierre el libro.

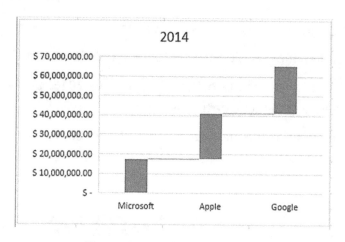

Figura 7. 22. Gráfico en Cascada.

Capítulo 8: Trabajar con PowerPoint 2016

En este capítulo aprenderá a:

- Conocer las vistas de presentación

- Añadir diapositivas y aplicar diseños

- Insertar tablas, gráficos y multimedia

- Aplicar transiciones

- Aplicar animaciones

> *Use la carpeta Capítulo8 para los ejercicios de este capítulo.*

PowerPoint proporciona las herramientas que necesita para crear una presentación que sea agradable para su público. Presentar sus ideas puede ser la mejor forma de ganar un contrato, persuadir a sus colegas para que realicen el proyecto de otra manera, demostrar el avance de su equipo de trabajo, presentar un plan de negocios y mucho más. Una buena presentación equivale a que el expositor ha utilizado correctamente todos los elementos necesarios que pueden ir en una diapositiva, como imágenes, gráficos o vídeos.

En este capítulo, aprenderá las diferentes herramientas que posee PowerPoint para crear presentaciones profesionales.

Las vistas de presentación

PowerPoint maneja cinco vistas de presentación. La vista por defecto es la vista **Normal**, el cual muestra el panel de diapositiva a la izquierda, y una diapositiva que funciona como área de trabajo. La vista **Esquema** es parecida a la vista normal solo que ahora el panel que está a la izquierda es el panel **Esquema**. La vista **Clasificador de diapositiva** ayuda a organizar mejor las diapositivas de su presentación. **Vista de lectura** permite revisar la presentación quitando partes de la ventana que dificultan la lectura. Y la vista **Página de notas** muestra la diapositiva con especial énfasis hacia las notas del orador. Todas estas opciones de vista se encuentran en la ficha **Vista**, dentro del grupo **Vistas de presentación**, tal como lo muestra la Figura 8. 1.

Figura 8. 1. Grupo Vistas de presentación.

Al extremo derecho de la barra de estado (vea la Figura 8. 2) también puede encontrar los comandos de vistas, incluido la vista **Presentación con diapositivas**. Esta última vista muestra la diapositiva actual como presentación a pantalla completa, ideal cuando ya va a dar inicio a la exposición.

Figura 8. 2. Barra de estado de PowerPoint 2016.

Para activar la vista **Normal**

- Clic en la ficha **Vista**, y en el grupo **Vistas de presentación**, clic en el botón **Normal**.

- En la barra de estado, clic en el botón **Normal**.

Para seleccionar diapositivas en la vista **Normal**

1. En el **Panel de diapositivas** (a la izquierda), clic en la diapositiva que quiera seleccionar.

Para eliminar diapositivas en la vista **Normal**

1. En el **Panel de diapositivas** (a la izquierda), clic derecho en la diapositiva que quiera eliminar.

2. Clic en **Eliminar diapositiva**.

O

1. Seleccione la diapositiva.

2. Pulse *Suprimir*.

Para duplicar diapositivas en la vista **Normal**

1. En el **Panel de diapositivas** (a la izquierda), clic derecho en la diapositiva que quiera duplicar.

2. Clic en **Duplicar diapositiva**.

Para ocultar una diapositiva en la vista **Normal**

1. En el **Panel de diapositivas** (a la izquierda), clic derecho en la diapositiva que quiera ocultar.

2. Clic en **Ocultar diapositiva**.

Para activar la vista **Esquema**

1. Clic en la ficha **Vista**, y en el grupo **Vistas de presentación**, clic en el botón **Vista Esquema**.

Para agregar texto en una diapositiva de la vista Esquema

1. En el **Panel esquema** (a la izquierda), clic a la derecha de la miniatura de la diapositiva donde quiere escribir.

2. Escriba el texto. Este será considerado como un título.

3. Pulse *Enter*. Se crea una nueva miniatura de diapositiva.

4. Pulse la tecla *Tab*. Aparece una viñeta para añadir más texto.

5. Añada el texto que desea.

Para activar la vista Clasificador de diapositivas

- Clic en la ficha **Vista**, y en el grupo **Vistas de presentación**, clic en el botón **Clasificador de diapositivas**.

- En la barra de estado, clic en el botón **Clasificador de diapositivas**.

Para cambiar de posición las diapositivas en la vista Clasificador

1. Clic sin soltar en la diapositiva que quiera cambiar de posición.

2. Arrastre hacia el nuevo lugar.

3. Suelte el clic. La diapositiva quedará posicionada en su nueva ubicación.

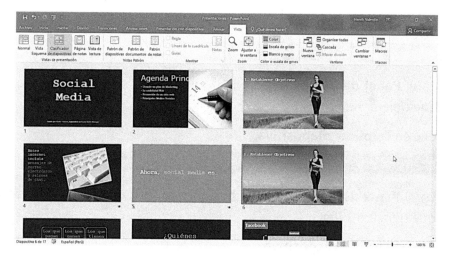

Figura 8. 3. Vista Clasificador de Diapositivas.

Para iniciar la presentación para el público

1. Realice alguna de estas acciones:

   - Pulse `F5`. Se inicia la presentación desde el principio.

   - Pulse `Mayús+F5`. Se inicia la presentación desde la diapositiva actual.

   - En la barra de tareas, clic en el botón **Presentación con diapositivas**. Se inicia la presentación desde la diapositiva actual.

   - En la barra de herramientas de acceso rápido, clic en el botón **Presentación desde el principio**.

Usar la vista **Presentación con diapositivas**

1. Realice alguna de estas acciones:

    - **Avanzar por la presentación:** Pulse `Enter` o clic en la pantalla.

    - **Retroceder por la presentación:** Pulse `Retroceso`.

    - **Salir de la presentación:** Pulse `Esc`.

Hazlo tú mismo

En este ejercicio cambiará de vistas de presentación, utilizará alguna de sus características, y luego lo presentará al público. Se usará el archivo **Presentación_Diapositiva.pptx** ubicado en **C: | OfficeData | Capítulo 8.**

> *Abrir la presentación **Presentación_Diapositiva.pptx**.*

1. Active la vista **Esquema** y en la diapositiva 2, complete el título para que diga: `Agenda Principal`.

2. Agregue una nueva viñeta con el texto: `Principales Medios Sociales`.

3. Cambie a la vista **Clasificador de diapositiva** y mueva la diapositiva 10 a la posición 3.

4. Cambie a la vista **Normal** y oculte la diapositiva 5.

5. Duplique la diapositiva 3 y usando el clasificador de diapositivas mueva el duplicado a la posición 6.

6. Elimine la diapositiva 15.

7. Inicie la presentación al público desde la diapositiva 9.

8. Avance hasta el final de la presentación.

9. Salga de la presentación, guarde los cambios y cierre el archivo.

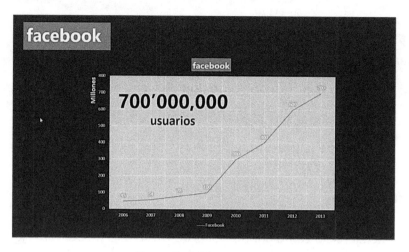

Figura 8. 4. Diapositiva 9.

Creando sus primeras diapositivas

Para crear una presentación es necesaria una diapositiva. En PowerPoint una diapositiva es una página en blanco que es la base para albergar todo tipo de objeto y texto. Puede crear tantas diapositivas como desee que luego serán presentadas mediante algún proyector.

Cuando crea una nueva presentación, automáticamente se crea una diapositiva principal o diapositiva de **Título**. Al insertar una nueva diapositiva, el diseño de presentación es **Título y texto**, sin embargo, luego puede cambiar su diseño.

También puede insertar diapositivas a través de un esquema creado en Word. Este esquema en Word que se va creando cuando usa estilos (**Título 1**, **Título 2**), y se añaden como nuevas diapositivas a la presentación.

Para insertar una nueva diapositiva

1. Realice alguna de estas acciones:

   - En la ficha **Inicio**, en el grupo **Diapositiva**, clic en el botón **Nueva diapositiva**.

   - Clic derecho en la primera diapositiva del panel **Diapositivas** y clic en **Nueva diapositiva**.

   - Pulse **Ctrl+M**.

1. En la ficha **Inicio**, en el grupo **Diapositiva**, clic en la flecha desplegable del botón **Nueva diapositiva**.

2. Clic en el diseño que desee.

1. En la ficha **Inicio**, en el grupo **Diapositiva**, clic en el botón desplegable **Diseño**.

2. Clic en el diseño que desee.

O

1. Clic derecho en la diapositiva que quiera cambiar el diseño en el panel **Diapositivas**.

2. Señale **Diseño** y clic en el diseño que desee.

Figura 8. 5. Diseños de diapositivas.

1. En la ficha **Inicio**, en el grupo **Diapositiva**, clic en la flecha desplegable del botón **Nueva diapositiva**.

2. Clic en **Duplicar diapositivas seleccionadas**.

Insertar Esquema de Word a sus diapositivas de PowerPoint

1. En la ficha **Inicio**, en el grupo **Diapositiva**, clic en la flecha desplegable del botón **Nueva diapositiva**.

2. Clic en **Diapositivas del esquema**. Se abre el cuadro de diálogo **Insertar esquema**.

3. En el cuadro de diálogo **Insertar esquema**, navegue hasta encontrar el archivo de Word que servirá como esquema.

4. Clic en el archivo de Word y clic en **Insertar**. El esquema en Word se convierte en diapositivas.

Agregar secciones

1. Seleccione la diapositiva desde donde quiere que aparezca la sección.

2. En la ficha **Inicio**, en el grupo **Diapositiva**, clic en el botón desplegable **Sección**.

3. Clic en **Agregar sección**.

> *Si ha elegido una diapositiva a partir de la diapositiva 2, se crearán dos secciones, una para el comienzo de las diapositivas, y otra para la diapositiva seleccionada.*

o

1. Clic derecho a la diapositiva donde quiere que aparezca la sección.

2. Clic en **Agregar sección**.

Para cambiar nombre de la sección

1. Clic en la etiqueta de sección.

2. En la ficha **Inicio**, en el grupo **Diapositiva**, clic en el botón desplegable **Sección**.

3. Clic en **Cambiar nombre de sección**.

o

1. Clic derecho en la etiqueta de sección y clic en **Cambiar nombre de sección**.

Para eliminar una Sección

1. Clic en la etiqueta de sección.

2. En la ficha **Inicio**, en el grupo **Diapositiva**, clic en el botón desplegable **Sección**.

3. Clic en **Quitar la sección**.

O

1. Clic derecho en la etiqueta de sección y clic en **Quitar la sección**.

Para eliminar todas las Secciones

1. Clic en la etiqueta de sección.

2. En la ficha **Inicio**, en el grupo **Diapositiva**, clic en el botón desplegable **Sección**.

3. Clic en **Eliminar todas las secciones**.

O

1. Clic derecho en la etiqueta de sección y clic en **Eliminar todas las secciones**.

Para contraer y/o expandir las Secciones

1. Clic en cualquier etiqueta de sección.

2. En la ficha **Inicio**, en el grupo **Diapositiva**, clic en el botón desplegable **Sección**.

3. Seleccione alguna de estas opciones:

   • **Contraer todo**

   • **Expandir todo**

O

1. Clic derecho en la etiqueta de sección y clic en **Contraer todo** o **Expandir todo**.

Hazlo tú mismo

En este ejercicio creará una nueva presentación desde cero, añadirá sus diapositivas, cambiará el diseño y luego insertará un esquema de Word. Se usará el archivo **Esquema.docx** ubicado en **C: | OfficeData | Capítulo 8.**

> *Abrir PowerPoint 2016.*

1. Crear una nueva presentación en blanco.

2. Inserte una nueva diapositiva. No se preocupe por el diseño.

3. Inserte más diapositivas basados en el esquema del documento **Esquema.docx**.

4. Cambie el diseño de la diapositiva 5 por **Contenido con título**.

5. Cambie el diseño de la diapositiva 6 por **Dos objetos**.

6. Después de la diapositiva 4, insertar una nueva diapositiva en blanco.

7. Elimine la diapositiva 3.

8. Guarde con el nombre **Mi presentación.pptx**.

Marcadores de Posición

Las diapositivas son como las páginas en un documento de Word. La primera diapositiva por defecto presenta dos espacios para rellenar textos, estos espacios son conocidos como marcadores de posición. Clic en un marcador de posición y simplemente escriba el contenido de su diapositiva.

Dependiendo del diseño de diapositiva, pueden aparecer uno, dos o más marcadores de posición, incluso existe el diseño **En blanco** donde no hay ningún marcador de posición.

Por lo general, hay dos tipos de marcadores de posición, los de **Título** (parte superior) y los de **texto y objetos** (parte inferior). Un marcador de texto y objeto permite agregar texto, pero además hay botones para insertar imágenes, vídeos, gráficos, u otros objetos. (Vea la Figura 8. 6)

Figura 8. 6. Diapositiva con sus marcadores de posición.

Los marcadores de posición son como cuadros de texto, por ello, al hacer clic dentro de un marcador de posición, se activa la ficha contextual **Herramientas de dibujo**, con la ficha **Formato**, tal como lo muestra la Figura 8. 7.

Figura 8. 7. Ficha contextual Herramientas de dibujo.

Para insertar textos en los marcadores de posición

1. Clic dentro del marcador de posición.
2. Escriba el texto.

Para insertar textos en el marcador de posición Texto y Objetos

1. Clic dentro del marcador de posición.
2. Escriba el texto.
3. Pulse `Enter` para crear una nueva viñeta.
4. Agregue más texto de ser necesario.

Para insertar objetos en el marcador de posición Texto y Objetos

1. Clic en el botón de objeto que necesite. Estos pueden ser:

   - Tabla

   - Gráfico

   - SmartArt

   - Imágenes

   - Imágenes en línea

   - Vídeos

2. Siga los pasos necesarios para insertar el objeto.

Para cambiar el tamaño del Marcador de Posición

1. Seleccione el marcador de posición usando estos métodos.

   - Clic dentro del marcador de posición.

   - Clic en el borde del marcador de posición.

2. Utilice los controladores de las esquinas, lados y los de la parte superior e inferior y ajuste el tamaño. (Vea la Figura 8. 8)

Figura 8. 8. Ajustar el tamaño del marcador de posición.

O

1. Seleccione el marcador de posición.

2. Clic en la ficha **Formato**.

3. En el grupo **Tamaño**, cambie los valores de:

   - **Alto de forma**

   - **Ancho de forma**

Para girar el Marcador de Posición

1. Señale el controlador de giro del marcador de posición. (Vea la Figura 8. 9)

2. Clic sin soltar y arrastre hacia el lado que quiera girar.

Figura 8. 9. Girar el marcador de posición.

o

1. Seleccione el marcador de posición.

2. Clic en la ficha **Formato**.

3. En el grupo **Organizar**, clic en el botón desplegable **Girar**.

4. Seleccione alguna de las opciones:

   - **Girar 90° a la derecha**

   - **Girar 90° a la izquierda**

   - **Voltear verticalmente**

   - **Voltear horizontalmente**

Para aplicar Relleno de Forma al Marcador de Posición

1. Clic en la ficha **Formato**, y en el grupo **Estilos de forma**, clic en la flecha del botón desplegable **Relleno de forma**.

2. Clic en el color de su agrado.

Para aplicar un Contorno de Forma al Marcador de Posición

1. Clic en la ficha **Formato**, y en el grupo **Estilos de forma**, clic en la flecha del botón desplegable **Contorno de forma**.

2. Clic en el color de su agrado.

Office 2016 Paso a Paso

Para aplicar un Grosor de Contorno al Marcador de Posición

1. Clic en la ficha **Formato**, y en el grupo **Estilos de forma**, clic en la flecha del botón desplegable **Contorno de forma**.

2. Señale **Grosor** y clic en el tamaño que desee.

Para aplicar Efectos de Forma al Marcador de Posición

1. Clic en la ficha **Formato**, y en el grupo **Estilos de forma**, clic en la flecha del botón desplegable **Efectos de forma**.

2. Señale las diversas opciones del menú desplegable. Entre las opciones están: **Sombra**, **Reflexión** o **Iluminado**.

3. Clic en la opción que desee.

Para aplicar Estilos Prediseñados al Marcador de Posición

1. Clic en la ficha **Formato**, y en el grupo **Estilos de forma**, realice alguna de estas acciones en la galería **Estilos de forma**:

   - Clic en el estilo que desee.
   - Clic en las flechas arriba o abajo y seleccione el estilo.
   - Clic en el botón **Más** y seleccione el estilo.

Figura 8. 10. Galería Estilos de forma.

224

1. Clic en la ficha **Formato**, y en el grupo **Estilos de WordArt**, realice alguna de estas acciones en la galería **Estilos de WordArt**:

   • Clic en el estilo que desee.

   • Clic en las flechas arriba o abajo y seleccione el estilo.

   • Clic en el botón **Más** y seleccione el estilo.

Figura 8. 11. Galería Estilos de WordArt.

1. Clic en la ficha **Formato**, y en el grupo **Estilos de WordArt**, clic en la flecha del botón desplegable **Efectos de texto**.

2. Señale las diversas opciones del menú desplegable. Entre las opciones están: **Reflexión, Texto 3D** o **Iluminado**.

3. Clic en la opción que desee.

Aplicar formato de fuente y alineación

Al igual que un documento en Word 2016, puede aplicar formato a sus textos dentro de un marcador de posición. Todos los comandos para dar formato al texto se encuentran en el grupo Fuente. Los comandos del grupo Fuente son idénticos a Word, por ejemplo, aplicar Negrita, cambiar el tipo de fuente y el tamaño es lo mismo. El otro grupo que también es importante es **Párrafo**. Desde ese grupo puede aplicar la alineación izquierda, derecha o centrada, así como viñetas y numeración.

Para aplicar un formato al texto o párrafo, primero debe seleccionarlo o simplemente seleccionar el marcador de posición.

La siguiente lista paso a paso se centra más en los comandos que son importantes en PowerPoint. Si está leyendo este capítulo sin consultar los anteriores, vea Aplicar formato de fuente y Aplicar formato a los párrafos en el Capítulo 4: Conociendo Word 2016.

Para aplicar Espacio entre caracteres

1. Seleccione el texto o el marcador de posición.

2. En la ficha **Inicio**, en el grupo **Fuente**, clic en **Espacio entre caracteres**.

3. Seleccione la opción que necesite:

   - **Estrecho**

   - **Muy estrecho**

   - **Normal**

   - **Separado**

   - **Muy separado**

Para quitar todo el Formato

1. Seleccione el texto o el marcador de posición.

2. En la ficha **Inicio**, en el grupo **Fuente**, clic en el botón **Borrar formato**.

Para aplicar o quitar Viñetas

1. Seleccione el texto o el marcador de posición.

2. En la ficha **Inicio**, en el grupo **Párrafo**, clic en el botón **Viñetas**.

Para aplicar o quitar Numeración

1. Seleccione el texto o el marcador de posición.

2. En la ficha **Inicio**, en el grupo **Párrafo**, clic en el botón **Numeración**.

Para dividir el texto en Dos Columnas

1. Seleccione el texto o el marcador de posición.

2. En la ficha **Inicio**, en el grupo **Párrafo**, clic en el botón desplegable **Agregar o quitar columnas**.

3. Elija entre:

- **Una columna**
- **Dos columnas**
- **Tres columnas**

Para cambiar la Dirección del Texto

1. Seleccione el texto o el marcador de posición.

2. En la ficha **Inicio**, en el grupo **Párrafo**, clic en el botón desplegable **Dirección del texto.**

3. Elija entre:

- **Horizontal**
- **Girar texto 90°**
- **Girar texto 270°**
- **Apilado**

Figura 8. 12. Lista desplegable del botón Dirección del texto.

Para alinear el texto en el Marcador de Posición

1. Seleccione el texto o el marcador de posición.

2. En la ficha **Inicio**, en el grupo **Párrafo**, clic en el botón desplegable **Alinear texto.**

3. Seleccione entre:

- **Arriba**

- **Central**

- **Inferior**

Para convertir texto en un Gráfico SmartArt

1. Seleccione el texto o el marcador de posición.

2. En la ficha **Inicio**, en el grupo **Párrafo**, clic en el botón desplegable **Convertir a SmartArt.**

3. De la galería de opciones, clic en el gráfico que necesite.

Figura 8. 13. Galería del botón Convertir a SmartArt.

Hazlo tú mismo

En este ejercicio aplicará formatos a los textos, y a los marcadores de posición. Se usará el archivo **Marcador_Posición.pptx** ubicado en **C: | OfficeData | Capítulo 8.**

*Abrir la presentación **Marcador_Posición.pptx.***

1. En la diapositiva 1 aplique al marcador de posición de **Título** los siguientes formatos:

   - **Fuente:** Verdana

   - **Tamaño:** 96

   - **Atributo:** Negrita

   - **Color de fuente:** Negro, Texto 1, Claro 25%.

2. En la diapositiva 1, agregue delante del texto *Handz Valentin* lo siguiente: `Creado por`.

3. Agregue después de *Handz Valentin* lo siguiente: `,especialista en`.

4. Pulse `Suprimir` para que el texto *Social Media Manager* forme parte de la línea de texto.

5. Aplique los siguientes formatos:

   - **Fuente:** Lucida Bright

   - **Tamaño:** 22

   - **Al texto *Handz Valentin* y *Social Media Manager:*** Naranja, Énfasis 2, Oscuro 25%.

6. Ajuste el alto del marcador de posición a **1.3 cm**.

7. Mueva el marcador de posición al extremo inferior de la diapositiva. (Vea la Figura 8. 14 como referencia).

Marketing Online

Creado por Handz Valentin, especialista en Social Media Manager

Figura 8. 14. Diapositiva 1 después de aplicar formato.

8. Seleccione la diapositiva 2 y aplique al título:

- **Fuente:** Verdana
- **Tamaño de fuente:** 92

9. En la misma diapositiva, aplique al texto:

- **Fuente:** Lucida Bright
- **Tamaño de fuente:** 24

10. Inserte una nueva diapositiva con el diseño **Solo título**.

11. Escriba en el marcador de posición: `Plan de Marketing`.

12. Aplique los siguientes formatos al texto:

- **Fuente:** Verdana
- **Tamaño de fuente:** 80
- **Atributo:** Negrita
- **Iluminado:** Azul, 18 ptos Iluminado, color de énfasis 5.
- **Alineación:** Centrado

13. Ajuste el tamaño del marcador de posición para que el texto esté en dos líneas. (Vea la Figura 8. 15 como referencia).

Plan de Marketing

Figura 8. 15. Diapositiva 3 después de aplicar formato.

14. Seleccione la diapositiva 5 y convierta el texto a un gráfico SmartArt con el diseño **Ciclo básico**. (Vea la Figura 8. 16 como referencia).

Figura 8. 16. Diapositiva 5 después de aplicar formato.

15. Guarde los cambios y cierre la presentación.

Cambiar el diseño y el fondo de sus presentaciones

Cuando comienza a trabajar en su presentación la primera diapositiva es de fondo blanco, y las demás que va creando también lo son. Esto no significa que sea la mejor forma de presentar su información al público, quizá para usted, los diseños llamativos sean su mejor aliado, o también lo pueden ser colores oscuros o tenues, sea cual sea el caso, puede cambiar el diseño de sus diapositivas con unos cuantos clics.

En la ficha **Diseño** encontrará el grupo **Temas** (vea la Figura 8. 17) y allí mismo está la galería de temas que puede aplicar a sus diapositivas. Los **Temas** son un conjunto de configuraciones que incluyen un fondo, un estilo, y efectos. Por lo tanto, cuando aplica un tema a su presentación, el contenido que ya estaba formateado anteriormente, heredará las configuraciones del tema.

Figura 8. 17. Ficha Diseño.

El grupo **Variantes**, en la ficha **Diseño**, presenta algunos subdiseños del tema principal. Además, desde el desplegable de esta galería, podrá encontrar las configuraciones individuales del tema, como los colores, fuentes, efectos y fondos.

Para aplicar un **Tema** y sus variantes a una presentación, siga estos pasos:

Para aplicar un Tema a toda la Presentación

1. Clic en la ficha **Diseño**, y en el grupo **Temas**, realice alguna de estas acciones.

   - En la galería de temas, clic en el tema que desea.

   - Clic en las flechas arriba y/o debajo de la galería de temas, y clic en el tema que desea.

   - Clic en el botón **Más** de la galería de temas, y elija el tema.

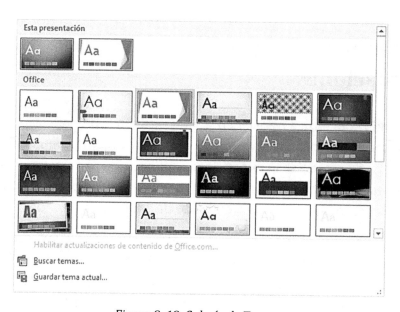

Figura 8. 18. Galería de Temas.

Para aplicar un Tema a las diapositivas seleccionadas

1. Seleccione una o varias diapositivas usando `Ctrl+Clic`.

2. Clic derecho en el tema y clic en **Aplicar a las diapositivas seleccionadas**.

Para aplicar una Variante de Tema

1. Clic en la ficha **Diseño**, y en el grupo **Variantes**, realice alguna de estas acciones.

   - En la galería de variantes, clic en la variante que desea.

   - Clic en las flechas arriba y/o debajo de la galería de variantes, y clic en la variante que desea.

   - Clic en el botón **Más** de la galería de variantes, y elija la variante.

Para cambiar Colores, Efectos, Fuentes y Fondo al Tema Seleccionado

1. Clic en la ficha **Diseño**, y en el grupo **Variantes**, clic en el botón **Más** de la galería de variantes.

2. Seleccione alguna de las opciones listadas:

   - **Colores**

   - **Fuentes**

   - **Efectos**

   - **Fondo**

3. Clic en la opción que desee.

Para aplicar un Fondo de Relleno Sólido

1. Clic en la ficha **Diseño**, y en el grupo **Personalizar**, clic en el botón **Formato del fondo.** Se abre el panel **Dar formato al fondo.** (Vea la Figura 8. 19)

2. En la sección **Relleno**, clic en **Relleno sólido.**

3. Clic en el desplegable **Color**, y seleccione el color de su agrado.

4. Si es necesario, clic en el botón **Aplicar a todo.**

Para cambiar el Tamaño de Diapositiva

1. Clic en la ficha **Diseño**, y en el grupo **Personalizar**, clic en el botón **Tamaño de diapositiva.**

2. Seleccione alguna de estas opciones:

   - **Estándar (4:3):** Ideal para la mayoría de proyectores.

   - **Pantalla panorámica (16:9):** Ideal para pantallas amplias de alta resolución.

Figura 8. 19. Panel Dar formato al fondo.

Insertar Tablas, Gráficos y Multimedia

PowerPoint es una aplicación que tiene mucho potencial para presentar objetos en pantalla que complementen la información que da el expositor. Estos objetos pueden ser tablas, gráficos, imágenes, sonidos, o vídeos. Puede hacer uso de todos ellos, pero siempre tenga un buen juicio para evitar rellenar una diapositiva con demasiada información visual.

Algunos usuarios creen que mientras más imágenes haya en una diapositiva esta se verá mejor, o insertar un sonido en cada diapositiva es ideal para que el público no se duerma. Recuerde, las diapositivas son solo ayudas visuales, no es el todo de la presentación.

Para insertar **Tablas**

1. Clic en la ficha **Insertar**, y en grupo **Tablas**, clic en **Tabla**.

2. Realice alguna de estas acciones.

- Clic en los pequeños cuadrados para especificar la dimensión de la tabla.

- Clic en **Insertar tabla** y especifique la cantidad de filas y columnas que tendrá la tabla.

o

1. En el marcador de posición de texto y objeto, clic en el icono de **Insertar Tabla**. Se abre el cuadro de diálogo **Insertar tabla**.

2. Cambie el valor en el cuadro **Número de columnas** y **Número de filas** para especificar las dimensiones de la tabla.

3. Clic en **Aceptar**.

Para insertar imágenes

1. Realice alguna de estas acciones:

   - Clic en la ficha **Insertar**, y en grupo **Imágenes**, clic en **Imágenes**. Se abre el cuadro de diálogo **Insertar imagen**.

   - En el marcador de posición de texto y objeto, clic en el icono **Insertar imágenes**.

2. Navegue hasta su carpeta donde se encuentra la imagen.

3. Seleccione la imagen, y clic en **Insertar**.

Para crear un Álbum de fotografías

1. Clic en la ficha **Insertar**, y en grupo **Imágenes**, clic en el botón **Álbum de fotografías**. Se abre el cuadro de diálogo **Álbum de fotografías**.

2. Realice alguna de estas acciones:

   - Clic en el botón **Archivo o disco**, y agregue las imágenes necesarias.

   - Si es necesario agregar más imágenes, clic nuevamente en el botón **Archivo o disco** y agregue más imágenes.

3. En la sección **Diseño del álbum**, clic en el desplegable **Diseño de la imagen**, y seleccione el diseño que usted quiera.

4. Si lo desea, realice otras configuraciones en el cuadro de diálogo. Después, clic en **Crear**. Se crea una nueva presentación con las imágenes seleccionadas para el álbum.

Figura 8. 20. Cuadro de diálogo Álbum de fotografías.

Para insertar Formas

1. Clic en la ficha **Insertar**, y en grupo **Ilustraciones**, clic en el botón desplegable **Formas**.

2. Clic en la forma que necesite.

3. Dibuje la forma en su diapositiva.

Figura 8. 21. Galería de Formas.

Para insertar Vídeo

1. Clic en la ficha **Insertar**, y en grupo **Multimedia**, clic en el botón desplegable **Vídeo**.

2. Seleccione alguna de estas opciones:

   - **Vídeo en línea:** Use sus vídeos de Facebook, busca vídeos de YouTube o puedes pegar el enlace del vídeo para insertarlo a la presentación.

   - **Vídeo en Mi PC:** Busca un vídeo en tus carpetas locales para insertarlo a su presentación.

3. Al final, aparece un reproductor en la diapositiva.

Para insertar Audio

1. Clic en la ficha **Insertar**, y en grupo **Multimedia**, clic en el botón desplegable **Audio**.

2. Seleccione alguna de estas opciones:

   - **Audio en Mi PC:** Busca un audio en tus carpetas locales para insertarlo a su presentación.

   - **Grabar audio:** Permite grabar tu voz o cualquier otro sonido. Se necesita un micrófono para realizar esta acción.

3. Al final, aparece un reproductor en la diapositiva.

Para grabar la pantalla

1. Clic en la ficha **Insertar**, y en grupo **Multimedia**, clic en el botón **Grabación de pantalla**. La pantalla de atenúa y aparece un panel de controles de grabación y un cuadro con líneas discontinuas rojas.

2. Clic en **Seleccionar área** y seleccione el área de grabación. El área de grabación está dimensionado al cuadro con líneas discontinuas rojas.

3. Clic en el botón **Audio** para grabar su voz. Necesita un micrófono para tal acción.

4. Clic en **Grabar puntero** si desea que aparezca el puntero en la grabación del vídeo.

5. Clic en **Grabar**. Ahora, realice cualquier acción y PowerPoint grabará en vídeo todo lo que haga. Recuerde, sujeto al tamaño de área seleccionado en el paso 2.

Figura 8. 22. Controles de grabación.

6. Concluya la grabación pulsando `Windows+Mayús+Q`.

7. Al final, aparece un reproductor en la diapositiva.

Para reproducir un Audio o Vídeo

1. Inserte el audio o vídeo.

2. Clic en el botón **Reproducir**.

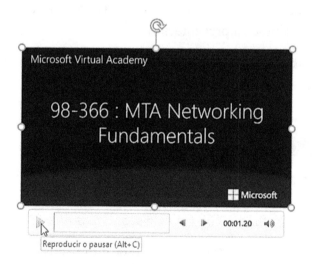

Figura 8. 23. Reproducir audio o vídeo

O

1. Clic en la ficha **Formato** y/o **Reproducción**.

2. En el grupo **Vista previa**, clic en el botón **Reproducir**.

Aplicar Transiciones

Después de concluir con el diseño, los textos, formatos y la inserción de objetos en sus diapositivas, es hora de darle un toque de animación a sus presentaciones y volverlas amenas e interesantes. Las transiciones son efectos que se aplican a las diapositivas y se reproducen en cada cambio de una diapositiva a otra.

Para aplicar una Transición a la diapositiva seleccionada

1. Clic en la ficha **Transiciones**, y en el grupo **Transición a esta diapositiva**, realice alguna de estas acciones.

   - En la galería de transiciones, clic en la transición que desee.

   - Clic en las flechas arriba y/o debajo de la galería de transiciones, y clic en la transición que desee.

   - Clic en el botón **Más** de la galería de transiciones, y elija la transición.

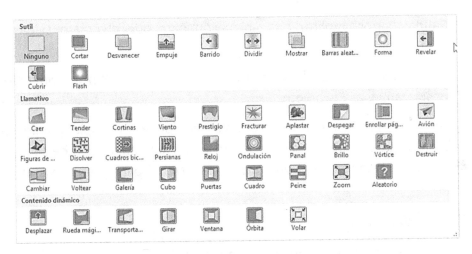

Figura 8. 24. Efectos de Transición

Para probar una Transición

1. Clic en la ficha **Transiciones**, y en el grupo **Vista previa**, clic en el botón **Vista previa**.

1. Clic en la ficha **Transiciones**, y en el grupo **Intervalos**, cambie el valor del cuadro **Duración.**

2. De ser necesario, clic en el botón **Aplicar a todo**.

Aplicar animaciones a los textos y objetos

Así como aplica un efecto de transición a sus diapositivas, los textos y objetos también tienen lo suyo. Puede aplicar una animación desde la ficha **Animaciones**, dentro del grupo **Animación** y usar la galería de animaciones para aplicarlos a los textos u objetos de su diapositiva. Cuando utiliza la galería de animación, podrá elegir cuatro tipos:

- **Entrada:** Permite aplicar una animación para que el objeto aparezca.

- **Énfasis:** Permite aplicar una animación resaltando el objeto que acaba de aparecer.

- **Salida:** Permite aplicar una animación para que el objeto salga de la pantalla.

- **Trayectoria de desplazamiento:** Permite realizar un movimiento de desplazamiento del objeto.

Un objeto puede tener más de una animación. Por ejemplo, puede aplicar una animación de entrada y a su vez puede aplicar una animación de salida. Con esta versatilidad, usted puede usar toda se creatividad para crear presentaciones dinámicas.

Para aplicar **Animación**

1. Seleccione el objeto al que quiera aplicar animación.

2. Clic en la ficha **Animaciones**, y en el grupo **Animación**, realice alguna de estas acciones.

   - En la galería de animaciones, clic en la animación de entrada, énfasis, salida o trayectoria de desplazamiento que desee.

   - Clic en las flechas arriba y/o debajo de la galería de animaciones, y clic en la animación que desee.

- Clic en el botón **Más** de la galería de animaciones, y elija la animación.

Figura 8. 25. Galería de animaciones.

Para aplicar Animación al texto

1. Seleccione el marcador de posición de texto y objeto. No seleccione el texto.

2. Clic en la ficha **Animaciones**, y en el grupo **Animación**, use la galería de animaciones para elegir la animación que desee.

Para aplicar Opciones de Efecto al texto

1. Aplique la animación de entrada, salida o énfasis al marcador de posición de texto y objeto.

2. En el grupo **Animación**, clic en el botón desplegable **Opciones de efectos**.

3. En la sección Secuencia, seleccione entre estas opciones:

   - **Como un objeto**

   - **Todas a la vez**

   - **Como un párrafo**

Para aplicar más animaciones al mismo objeto

1. Seleccione el objeto que ya tiene una animación.

2. En la ficha **Animaciones**, grupo **Animación avanzada**, clic en el botón desplegable **Agregar animación**.

3. Seleccione su animación de entrada, énfasis, salida o trayectoria de desplazamiento que quiera aplicar.

Para elegir una duración a la Animación

1. Clic en la ficha **Animaciones**, y en el grupo **Intervalos**, cambie el valor del cuadro **Duración.**

Hazlo tú mismo

En este ejercicio aplicará un diseño para su diapositiva, insertará algunos objetos, y luego aplicará transiciones y animaciones a los objetos. Se usará el archivo **Completar.pptx, Social Media.png y New_Land.mp3** ubicado en **C: | OfficeData | Capítulo 8.**

> *Abrir la presentación **Completar.pptx.***

1. Aplique el tema **Base** a toda la presentación.

2. Aplique la cuarta variante a la aplicación.

3. A la diapositiva 1 aplique la transición **Ondulación**.

4. Aplique una duración a la transición de **02.00**.

Figura 8. 26. Grupo Intervalos.

5. A la diapositiva 2 aplique la transición **Revelar**.

6. Aplique una duración a la transición de **00.50**.

7. A la diapositiva 10 aplique la transición **Cambiar**.

8. Cambie el tema por **Tema de Office**.

9. Aplique un color de fondo de relleno sólido a **Gris 25%, Fondo 2, Oscuro 75%** a toda la presentación.

10. A la diapositiva 13, aplique la segunda variante.

11. A la diapositiva 13, inserte la imagen **Social Media.png** y ajuste su tamaño para que quepa entre los dos textos. (Vea la Figura 8. 27 como referencia).

Figura 8. 27. Diapositiva 13.

12. A la imagen **Social Media.png** aplique la animación de entrada **Barrido** con una duración de **00.30**.

13. A la misma imagen, aplique una animación de salida **Rebote**.

14. A la diapositiva 1 inserte el audio **New_Land.mp3**.

15. Reproduzca la canción.

16. Use la vista Presentación con diapositivas y revise cada diapositiva como si fuera a exponer hasta llegar al final. Después, guarde los cambios y cierre la presentación.

Capítulo 9: Trabajar con Access 2016

En este capítulo aprenderá a:

- Crear una base de datos local

- Crear, añadir, modificar y quitar tablas

- Crear consultas, formularios e informes

> *Use la carpeta Capítulo9 para los ejercicios de este capítulo.*

Access es el motor de base de datos relacional más utilizado de la suite de Office. Access le permite estructurar y almacenar su información en un conjunto de tablas que le permite administrar fácilmente su información. Con Access podrá ubicar rápidamente la información que necesite para luego presentar sus datos en atractivos formularios e informes.

El poder de una base de datos no es necesariamente el ingreso de datos, es lo que puedes hacer con esos datos. Una base de datos en formato electrónico podrá ayudar a ordenar los datos, solicitar algún dato en especial o facilitar el trabajo, es por ello que hoy muchas bases de datos manuales se han convertido en bases de datos electrónicas y con el poder de la Web, se pueden acceder a ellas y solicitar lo que se necesite.

En este capítulo aprenderá a utilizar herramientas básicas de Access. Aprenderá a crear tablas para almacenar la información, buscará datos y creará otros objetos de bases de datos.

La Base de Datos de Access

Comúnmente, la palabra base de datos es un tecnicismo que se define como una *colección de información* que pertenece a un cierto tema o aplicación de negocio. Por ejemplo, una libreta de direcciones organiza una gran cantidad de datos (nombres, dirección y números de teléfono) de modo que sea fácil acceder a la información de un contacto que está organizado alfabéticamente.

Access 2016 es un Sistema de Gestión de Bases de Datos Relacionales que permite fácilmente coleccionar grandes volúmenes de datos organizados en categorías de información relacionada. Este tipo de base de datos le permite almacenar, organizar y administrar sus datos, -sin importar cuan compleja sea- y a continuación, recuperar y presentar esa información en diferentes formatos.

A diferencia de otras aplicaciones de base de datos, Access guarda toda su información en un solo archivo a través de una estructura de objetos bien definida. Una tabla es un objeto de una base de datos de Access que sirve como repositorio principal de datos mientras que las consultas, formularios e informes proporcionan el acceso a esos datos. La siguiente lista explica cada uno de los objetos que encontrarás en Access:

- **Tablas:** Conjunto de filas y columnas que permiten almacenar en forma ordenada la información de una base de datos. A cada una de estas filas se le llaman **registros** y a cada columna se le denomina **campo**, este último representa el atributo de dicho registro.

- **Consultas:** Elemento utilizado para obtener solamente la información requerida de la base de datos en un momento dado. Permite crear, ver, modificar y analizar datos de formas diferentes al extraer información ordenada de las tablas.

- **Formularios:** Diseño personalizado para introducir, modificar y ver los registros de una base de datos. La principal función de los formularios es hacer más agradable y funcional la introducción y visualización de la información.

- **Informes:** Documento en el cual puede imprimirse o visualizarse la información de una base de datos.

- **Macros:** Conjunto de acciones que realizan una operación determinada, automatizan tareas almacenando procedimientos que deben ejecutarse al realizar una acción.

- **Módulos:** Colección de declaraciones y procedimientos de VBA que se almacenan juntos como una unidad.

Cualquier objeto que abra en Access aparecerá generalmente en su propia pestaña (Vea la Figura 9. 1). Esta forma de organización ayuda a tener abierto varios objetos a la vez y acceder fácilmente a su contenido.

Clientes	Empresas Transporte	Productos	Clientes	Clientes

Transportell ▾	Empresa ▾	Contacto ▾	Dirección ▾	Ciudad ▾	Teléfono ▾
1	Freddy Fast	Freedy Wari	Av. El Comerci	Lima	6474326
2	El Veloz	Miguel Fernan	Av. Primavera	Lima	7887823
3	Roda Services	Antonella Miyi	Av. Los Gerani	Lima	3455678
4	Atento Service	Yovanna Menc	Av. Los pinos	Lima	4589494

Figura 9. 1. Objetos de Access abiertos en sus respectivas pestañas.

El Panel de Navegación

Cuando abre una base de datos en Access el panel de navegación aparece al lado izquierdo. En este panel se listan los objetos creados en la base de datos. Por defecto, se muestran todos los objetos de la base de datos, pero si lo desea puede mostrar solo las tablas, o solo las consultas, u otros objetos. También, puede organizar los objetos por fecha de creación o de modificación, abrir sus objetos en diferentes vistas y, si es necesario, ocultar el panel de navegación para obtener más espacio.

Para mostrar u ocultar el Panel de Navegación

1. En la esquina superior derecha del panel, clic en el botón **Abrir o cerrar la barra Tamaño del panel** (Vea la Figura 9. 2).

Figura 9. 2. Panel de Navegación.

Para organizar y filtrar los objetos de base de datos

1. Clic en el botón **Todos los objetos de Access**.

2. Del menú desplegable, en la sección **Desplazarse a la categoría**, seleccione una opción de ordenación. Entre estas opciones están *Tipo de objeto, Fecha de creación* o *Fecha de modificación*.

3. En la sección **Filtrar por grupo**, seleccione una opción de filtro. Las opciones que te aparezcan en esta sección dependerá de la opción elegida en la sección *Desplazarse a la categoría*. Por ejemplo, si elige ordenar por *Tipo de objeto*, podrá filtrar por *Tablas, Consultas* u otro objeto.

Figura 9. 3. Menú desplegable del botón Todos los objetos.

1. Clic derecho en el nombre de grupo y seleccione **Contraer grupo** o **Expandir grupo**.

1. Clic derecho en cualquier nombre de grupo y seleccione **Contraer todo** o **Expandir todo**.

1. Clic en el cuadro de búsqueda del panel de navegación y escriba el término de búsqueda que coincida con el objeto que quiere encontrar.

1. Clic sobre el botón **Borrar cadena de búsqueda**.

Figura 9. 4. Borrar la búsqueda del cuadro de búsqueda.

O

1. Pulse la tecla `Esc`.

1. Doble clic sobre el objeto.

O

1. Clic derecho sobre el objeto y clic en **Abrir**.

1. Seleccione el objeto en el panel de navegación.

2. En la ficha **Inicio**, en el grupo **Ver**, clic en la flecha desplegable del botón **Ver** y clic en **Vista Diseño**.

O

1. Clic derecho sobre el objeto y clic en **Vista Diseño**.

Para cerrar un objeto

1. Clic en el botón **Cerrar** (**x**) a la derecha de la pestaña del objeto abierto.

Figura 9. 5. La X a la derecha de la pestaña permite cerrar el objeto abierto

Para eliminar un objeto

1. Clic derecho sobre el objeto y clic en **Eliminar**.

Para cambiar Nombre de un objeto

1. Clic derecho en el objeto del panel de Navegación.

2. Clic en **Cambiar nombre**.

Hazlo tú mismo

En este ejercicio creará una base de datos de ejemplo llamada Neptuno, revisará los objetos del Panel de navegación y luego lo organizará y filtrará para encontrar el objeto adecuado.

> *Abrir Access 2016. No se necesitan archivos de práctica para este ejercicio.*

1. Utilizando la plantilla *Northwind 2007*, crear la base de datos con nombre **Neptuno** en su carpeta **Documentos**.

2. Si es necesario, habilite el contenido y luego cierre el cuadro de diálogo de inicio de sesión.

3. Muestre el panel de navegación de su base de datos Neptuno. Debería mostrar 7 grupos (vea la Figura 9. 6).

Figura 9. 6. Objetos agrupados en la base de datos Neptuno.

4. Filtre el panel de navegación para que muestre solo los objetos del grupo **Empleados**.

Figura 9. 7. Panel de navegación con filtro aplicado.

5. Abrir el objeto **Lista de empleados**.

6. Filtre el panel de navegación para que muestre solo los objetos del grupo **Proveedores** y abrir el objeto **Lista de proveedores**.

7. Ordene los objetos del panel de navegación por **Tablas y vistas relacionadas** y filtre por **Clientes**. A continuación, abrir el objeto **Clientes: Tabla**.

   Como puede ver, los tres objetos se abren en sus respectivas fichas.

8. Ordene los objetos del panel de navegación por **Tipo de objeto** y filtre por **Consultas**.

9. En el cuadro de búsqueda escriba *Totales*.

10. Abrir el objeto **Totales de precios de compras**.

11. Filtrar por **Todos los objetos de Access**.

12. Expandir los objetos de todos los grupos.

13. Cierre la base de datos.

Crear, Añadir, Modificar y Quitar Datos de una Tabla

Una base de datos, como su nombre lo dice, permite almacenar datos de diversos tipos: textos, vínculos, imágenes, etc. Todos los datos guardados en una base de datos se hospedan en un objeto llamado **Tabla**. Un objeto **Tabla** es el medio donde los datos se almacenan y se ordenan. Una base de datos no existiría si no posee tablas, y todos los demás objetos pueden trabajar utilizando como medio principal a los datos en las tablas.

Una tabla es un objeto de base de datos que se usa para almacenar datos acerca de un asunto en particular, como los datos de sus empleados o productos. Imagine una tabla como una hoja de Excel, con filas, columnas y sus celdas, solo que, las filas se convierten en registros y las columnas en campos.

Puede crear una tabla en dos vistas diferentes: **Hoja de datos** y **Diseño**. Cuando crea una tabla en la vista **Hoja de datos** (vea la Figura 9. 8), tiene una interfaz de cuadrícula parecida a las hojas de Excel, y puede llenar sus datos directamente. Por otro lado, en la vista **Diseño**, podrá estructurar sus tablas con mayor detalle.

Figura 9. 8. Tabla en la vista Hoja de datos.

Al crear una tabla, ya sea en la vista hoja de datos o diseño, deberá estructurarla para ingresar los datos correctamente. Cuando ingresa el nombre de un campo, también debe decidir el tipo de dato que cada campo aceptará. En Access, puede elegir diversos tipos de datos como lo detalla la Tabla 9. 1:

Tipo de dato	Tipo de dato almacenado	Tamaño de almacenamiento
Texto corto	Caracteres alfanuméricos	255 caracteres o menos
Texto largo	Caracteres alfanuméricos. Permite aplicar formato al texto.	1GB de caracteres o menos
Número	Valores numéricos	1 a 8 bytes.
Fecha y Hora	Datos de fecha y hora	8 bytes
Moneda	Datos monetarios	8 bytes
Autonumérico	Incremento de números automáticamente	4 bytes
Sí / No	Valores lógicos: Sí/No, Verdadero/Falso	1 bit (0 o -1)
Objeto OLE	Imágenes, gráficos, sonido y vídeo	Hasta 1 GB
Hipervínculo	Vincula a un recurso en Internet	1GB de caracteres o menos
Datos adjuntos	Un campo especial que le permite adjuntar archivos externos a una base de datos de Access	Varía por archivo adjunto
Calculado	Crea una expresión que utiliza los datos de uno o más campos.	Varía dependiendo de la expresión.
Asistente para búsqueda	Muestra datos desde otras tablas.	Generalmente 4 bytes

Tabla 9. 1. Tipos de datos en los campos de Access 2016

La Tabla 9. 1 muestra los nombres de los tipos de datos de una tabla en la vista diseño. En la vista Hoja de datos, algunos nombres cambian. Por ejemplo, el **Asistente para búsqueda** es mostrado como **Búsqueda y relación**.

> *En anteriores versiones de Access, a los campos con tipo de dato **Texto corto** se le conoce como **Texto**, y a los campos con **Texto largo** se le conoce como **Memo**.*

Figura 9. 9. Tipos de datos en la vista Hoja de datos.

Figura 9. 10. Tipos de datos en la vista Diseño.

Para crear una Tabla en la vista Hoja de datos

1. Clic en la ficha **Crear**, y en el grupo **Tablas**, clic en **Tabla**.

Para crear una Tabla en la vista Diseño

1. Clic en la ficha **Crear**, y en el grupo **Tablas**, clic en **Diseño de tabla**.

Para guardar una Tabla

1. En la Barra de herramientas de acceso rápido, clic en **Guardar**. Se abre el cuadro de diálogo **Guardar como**.

2. En el cuadro de diálogo **Guardar como**, en el cuadro **Nombre de la tabla** escribe un nombre especial para tu tabla, por ejemplo, **Empleados**, **Categorías** o **Productos**.

Figura 9. 11. Cuadro de diálogo Guardar como.

3. Haga clic en **Aceptar**.

Para agregar campos en la Vista Hoja de Datos

1. Clic en la flecha desplegable en **Haga clic para agregar**.

2. Seleccione el tipo de dato que sea necesario.

3. Escriba el nombre para el campo y pulse **Enter**.

Para cambiar el nombre de un campo en la vista Hoja de datos

1. Realice alguna de estas acciones:

   • Doble clic sobre el nombre del campo.

   • Clic derecho en algún lugar del campo y clic en **Cambiar nombre de campo**.

2. Escriba un nuevo nombre y pulse `Enter`.

Para agregar campos en la Vista Diseño

1. Dentro de la **Vista Diseño**, en la columna **Nombre de campo**, escriba el nombre del campo que quiera para su tabla.

2. En la columna **Tipo de datos**, seleccione el tipo de datos necesario para su tabla.

3. En la columna **Descripción**, agregue un texto que describa al nombre de campo.

Para añadir Nuevo Registro en la Vista Hoja de Datos

1. Verifique que aparezca el texto **(Nuevo).** Esto puede ser al principio de una tabla nueva o al final de una tabla con datos.

2. Clic en la primera celda en blanco y agregue el dato.

3. Pulse la tecla **Tab** para pasar a la siguiente celda.

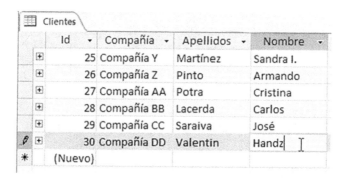

Figura 9. 12. Añadir datos a una tabla.

Las celdas de un campo Autonumérico se rellenan solas.

O

1. Clic en la ficha **Inicio**, y en el grupo **Registros**, clic en el botón **Nuevo**.

O

1. Clic derecho en cualquier etiqueta de registro y clic en **Nuevo registro** (vea la Figura 9. 13). Esta acción lo llevará al final de la tabla con datos listo para agregar nuevos datos.

Figura 9. 13. Menú contextual de la etiqueta de registro.

Para guardar los cambios en la Tabla

1. Clic en la ficha **Inicio**, y en el grupo **Registros**, clic en el botón **Guardar**.
2. Clic en el botón **Sí**.

O

1. Clic en el botón **Guardar** de la Barra de herramientas de acceso rápido.

Para eliminar un dato de una Tabla

1. Seleccione el dato de una tabla.
2. Clic en la ficha **Inicio**, y en el grupo **Registros**, clic en el botón **Eliminar**.

Para eliminar un registro completo de una Tabla

1. Clic en la etiqueta de registro para seleccionar todo el registro.
2. En la ficha **Inicio**, en el grupo **Registros**, clic en el botón **Eliminar**.

O

1. Clic derecho en cualquier etiqueta de registro y clic en **Eliminar registro**.

Figura 9. 14. Registro seleccionado.

Hazlo tú mismo

En este ejercicio deberá crear algunas tablas en la vista Hoja de datos. Se usará el archivo **Jardín_Eden.accdb** ubicado en **C: | OfficeData | Capítulo 9.**

> *Abrir la base de datos **Jardin_Eden.accdb** y clic en **Habilitar contenido**.*

1. Crear una tabla en la vista *Hoja de datos* y nombrarla **Categorías**.

2. Crear una nueva tabla en la vista *Hoja de datos* y nombrarla **Proveedores**.

3. Cree una nueva tabla en la vistan *Hoja de datos* y guárdela con el nombre **Empleados**.

   Note como en el Panel de navegación las tablas se van ordenando alfabéticamente mientras que en la ventana de trabajo las tablas se ordenan cronológicamente.

4. Crear una nueva tabla en la vista *Hoja de datos* con el nombre **Pedidos**. A continuación, añadirá datos a sus tablas.

5. Cierre todas las tablas a excepción de la tabla **Categorías**.

6. Cambie el nombre del campo **ID** por **Categoría ID**.

7. Para el siguiente campo, elija el tipo de dato **Texto corto** y nómbrelo *Nombre Categoría*.

8. En el siguiente campo elige **Texto largo** y nómbrelo: *Descripción*.

9. En la primera celda del campo **Nombre Categoría** escriba: *Bulbos*. Note que el campo **Categoría ID** rellena automáticamente con el número **uno (1),** correspondiente al primer registro.

10. Pulse la tecla *Tab* para ir a la siguiente celda.

11. Escriba: *Primavera, verano y otoño.*

12. Pulse la tecla *Tab*. Observe como se selecciona la primera celda del siguiente registro.

13. Pulse *Tab* nuevamente para seleccionar la siguiente celda del campo *Nombre categoría* y escriba: *Cactus.*

14. En *Descripción* escriba: `Cactus de interior`.

15. Rellene los siguientes datos (Vea la Tabla 9. 2):

Categoría ID	Nombre Categoría	Descripción
3	Cubierta vegetal	Arriates perennes y caducos, hiedra, parras, musgo
4	Césped	Césped para climas fríos
5	Flores	Amplia variedad de flores
6	Acuáticas	Plantas para jardines acuáticos
7	Tierra/arena	Tierras, sustratos, grava, abonos
8	Fertilizantes	Gran variedad de fertilizantes
13	Árboles	Árboles de hoja perenne y caduca
14	Aromáticas	Plantas aromáticas, para cocinar y para infusiones
15	Bonsáis	Productos para bonsáis
16	Rosas	Muchos tipos de rosas
17	Rododendros	Cultivo resistente
18	Control plagas	Alternativas no tóxicas
19	Carnívoras	Plantas carnívoras
20	Herramientas	Materia de jardinería variado
21	Arbustos bayas	Pequeños setos de bayas
22	Arbustos/setos	Arbustos para setos, decoración, etc.

Tabla 9. 2 Datos para la tabla Categorías

16. Sitúe el puntero del mouse en la línea que separa el campo **Nombre categoría** y **Descripción**. El puntero cambia por una cruz. (Vea la Figura 9. 15 como referencia)

Figura 9. 15. El puntero cambia por una cruz para que pueda cambiar el tamaño de un campo.

17. Doble clic en la línea separadora y el campo se ajustará automáticamente al contenido.

18. Realice la misma acción con el campo **Descripción**.

19. Guarde los cambios y cierra la tabla **Categorías**.

20. Abrir la tabla **Empleados**.

21. Cambie el nombre del campo **ID** por el de *EmpleadoID*.

22. Agregue los siguientes campos con el tipo de datos **Texto corto**: *Nombre*, *Apellidos*, *Distrito*, *Teléfono*.

23. Agregue un último campo con el tipo **Datos adjuntos**.

24. Rellene los siguientes datos (Vea la Tabla 9. 3):

Nombre	Apellidos	Distrito	Teléfono
Leiner	Cárdenas Fernández	Ñaña	991111439
Handz	Valentin Huiza	ATE	995905255
Lizbeth	Guerra Salcedo	Puente Piedra	998612348
Julio	Ccari Guerra	Breña	998765382

Tabla 9. 3 Datos para la tabla Empleados

25. Doble clic sobre la primera celda de **Datos adjuntos**. Se abre el cuadro de diálogo **Datos adjuntos,** tal como lo muestra la Figura 9. 16.

Figura 9. 16. Cuadro de diálogo Datos adjuntos.

26. Clic en **Agregar**. Se abre el cuadro de diálogo **Elegir archivo**.

27. Navegue hasta su carpeta **Capítulo 9** y clic en el archivo **Leiner.jpg**.

28. Clic en **Abrir**. Nuevamente regresa al cuadro de diálogo **Datos adjuntos**.

29. Clic en **Aceptar** del cuadro de diálogo **Datos adjuntos**. Ahora la imagen queda guardada en la tabla.

30. Agregue las demás fotografías para cada empleado.

31. Guarde la tabla y cierre la base de datos.

Buscar Datos en las Tablas

Quizá hasta este punto, habrá notado que las bases de datos pueden ser bastante robustas, y posiblemente pueda pensar que encontrar ciertos datos puede ser una tarea agotadora. Access 2016 tiene muchas formas especializadas de encontrar información, ya sea usando objetos -como formularios, consultas o informes- o a través de una manera muy simple y tradicional: encontrar un **valor específico**.

En Access puede dirigirse a un registro específico desde la barra de navegación (vea la Figura 9. 17) siempre y cuando conozca el número de registro.

Figura 9. 17. Partes de la barra de navegación.

Por otro lado, también querrá encontrar un valor específico, como un apellido o un correo electrónico. En estos casos, puede usar uno de estos métodos:

- Usar el cuadro de búsqueda en la parte inferior de la vista Hoja de datos.

- Usar el cuadro de diálogo **Buscar y reemplazar**.

Para ir a un registro específico

1. En la barra de navegación, clic en el cuadro de registro actual, escriba el número del registro y pulse `Enter`. El registro específico se resaltará.

Para buscar un dato específico desde la barra de navegación

1. Clic en el cuadro **Buscar** y escriba el dato que quiera encontrar. El dato buscado se resaltará.

Para activar el cuadro de diálogo **Buscar y reemplazar**

1. Realice alguna de estas acciones:

   - Clic en la ficha **Inicio**, y en el grupo **Buscar**, clic en el botón **Buscar**.

   - Pulse `Ctrl + B`.

Para encontrar datos con el cuadro de diálogo **Buscar y reemplazar**

1. En la ficha **Buscar**, escriba en el cuadro **Buscar** el dato que quiere encontrar en la tabla.

2. En **Buscar en,** seleccione alguna de estas opciones:

- **Campo actual:** Buscará los datos en el campo donde se encuentra actualmente.

- **Documento actual:** Buscará los datos en la tabla completa.

3. En **Coincidir**, seleccione alguna de estas opciones:

- **Hacer coincidir todo el campo:** Buscará los datos que sean idénticos al escrito en el cuadro **Buscar**.

- **Cualquier parte del campo:** Buscará los datos que contengan el dato buscado en el cuadro **Buscar**.

- **Comienzo del campo:** Buscará los datos que comiencen con el dato buscado en el cuadro **Buscar**.

4. Clic en el botón **Buscar siguiente** para ir buscando los datos en la tabla o en el campo actual según sea el caso.

Figura 9. 18. Cuadro de diálogo Buscar y reemplazar.

Aplicar una Clave Principal

Una clave principal es un campo en la tabla que proporciona un identificador único para cada registro. Con este identificador, puede relacionar las tablas entre sí, esto permitirá asociar la información que está en la base de datos.

Si no especifica un campo como clave principal, Access puede agregar un campo Autonumérico y designar ese campo como clave principal. Los campos Autonuméricos son excelentes para claves principales porque Access creará los valores por usted, esto significa que el número que genera este campo jamás será reutilizado dentro de una tabla, y por tal motivo, no podrá hacer cambios a los valores de un campo Autonumérico.

> *Para aplicar una clave principal, siempre debe hacerlo en la vista Diseño.*

Tenga en cuenta que una buena clave principal debe:

- Identificar de manera única cada registro
- No ser nulo
- Existir cuando el registro es creado
- Permanecer estable (Jamás cambiar un valor de clave principal que ya está establecido)
- Ser simple y tener pocos atributos

Nombre del campo	Tipo de datos
Id	Autonumeración
Compañía	Texto corto
Apellidos	Texto corto
Nombre	Texto corto
Dirección de correo electrónic	Texto corto
Cargo	Texto corto
Teléfono del trabajo	Texto corto
Teléfono particular	Texto corto
Teléfono móvil	Texto corto
Número de fax	Texto corto
Dirección	Texto largo
Ciudad	Texto corto
Estado o provincia	Texto corto

Figura 9. 19. Tabla en vista Diseño con el campo ID como Clave Principal.

Para aplicar una clave principal a un campo

1. Abrir la tabla en la vista **Diseño**.
2. Realice alguna de estas acciones:
   - Seleccione el campo al que quiera aplicar una clave principal y en la ficha contextual **Herramientas de tabla**, en la ficha **Diseño**, dentro del grupo **Herramientas**, clic en **Clave principal.**
   - Clic derecho sobre el campo y clic en **Clave principal**.

- Guardar la tabla sin haber creado una clave principal y Access le sugerirá crear una. Clic en el botón **Sí**.

Figura 9. 20. Cuadro de mensaje que aparece cuando se guarda una tabla sin Clave Principal.

Relación entre Tablas

Una relación constituye una forma de reunir datos de dos tablas diferentes. Para ello, se deben relacionar dos campos, uno en cada tabla. Cuando se usan las tablas en una consulta, la relación permite que Access determine qué registros de una tabla se relacionan con qué registros de otra. Por ejemplo, una base de datos puede tener un campo **Id_Producto** tanto en la tabla **Productos** como en la tabla **Detalles de pedido**. Cada registro de la tabla **Detalles de pedidos** tiene un **Id_Producto** que corresponde a un registro de la tabla **Productos**.

En Access se pueden aplicar tres tipos de relaciones:

- **Uno a uno:** Cada registro en la primera tabla tiene un único registro en la segunda tabla.

- **Uno a varios:** Cada registro de una tabla (tabla principal) está relacionada con uno o más registros de la segunda tabla (tabla secundaria) y cada registro de la segunda tabla está relacionada a un solo registro en la primera tabla.

- **Varios a varios:** Cada registro de cualquiera de las dos tablas está relacionado con cero, uno o varios registros de la otra tabla.

Para relacionar tablas

1. Clic en la ficha **Herramientas de bases de datos,** y en el grupo **Relaciones**, clic en **Relaciones**. Se abre el cuadro de diálogo **Mostrar tabla** (vea la Figura 9. 21).

Figura 9. 21. Cuadro de diálogo Mostrar tabla.

2. En el cuadro de diálogo **Mostrar tabla**, seleccione las tablas que quiera añadir al diseño de relaciones y clic en el botón **Agregar**.

3. Clic en el botón **Cerrar** del cuadro de diálogo **Mostrar tabla**.

4. Arrastre el campo de clave principal de una tabla hacia el campo secundario de la otra tabla.

Figura 9. 22. Relaciones entre tablas.

5. En el cuadro de diálogo **Modificar relaciones**, habilite la casilla **Exigir integridad referencial**.

La integridad referencial permite establecer la preservación de las relaciones entre las tablas cuando se anexan, cambian o eliminan registros.

6. Clic en el botón **Crear**.

Figura 9. 23. Cuadro de diálogo Modificar relaciones.

7. Clic en el botón **Guardar** para que las relaciones se almacenen en el archivo de base de datos.

Usar Consultas

Muchos usuarios experimentados están de acuerdo en que las consultas son los objetos más potentes en una base de datos. Las consultas no son un gran misterio realmente. Aunque el nombre *consultas* nos da a entender a hacer un tipo de *pregunta* a los datos, es más útil pensar que las consultas son como *solicitudes*. Se puede decir entonces que, las consultas son solicitudes para ver un subconjunto específico de datos en un orden particular.

Por ejemplo, puede solicitar a Access que le muestre solo aquellos registros de la tabla Clientes que sean del país de Australia y que estén ordenados por apellidos en modo ascendente. Otro ejemplo podría ser, solicitar a Access que muestre solo a los propietarios de las empresas con las que hace negocios, tal como lo muestra la Figura 9. 24.

Además, una consulta puede ser usada para mostrar ciertos datos, encontrar datos en varias tablas y mostrarlos en un solo lugar, realizar cálculos, combinar datos de diferentes tablas y también, modificar datos en masa.

Figura 9. 24. Ejemplo de una consulta de selección.

Para diseñar consultas de selección

1. Clic en la ficha **Crear**, y en el grupo **Consultas**, clic en el botón **Diseño de consulta**.

2. En el cuadro de diálogo **Mostrar tabla**, seleccione las tablas que quiera añadir al diseño de consulta y clic en el botón **Agregar**.

3. Clic en el botón **Cerrar** del cuadro de diálogo **Mostrar tabla**.

4. En la tabla agregada, haga doble clic sobre los campos para agregarlos a la cuadrícula de diseño. (Vea la Figura 9. 25)

Figura 9. 25. Partes de la ventana Diseño de consulta.

5. En la cuadrícula de diseño, en la fila **Orden**, haga clic en las celdas en blanco para que se muestre una flecha desplegable. Desde esta flecha podrá seleccionar el modo de ordenación de sus datos.

Figura 9. 26. Desplegable de la fila Orden en la cuadrícula de diseño.

6. En la fila **Mostrar**, puede activar o desactivar la casilla para que los campos puedan o no mostrarse al ejecutar la consulta.

7. En la fila **Criterios**, agregue la expresión que usará como criterio para determinar los registros que aparecerán en el conjunto de datos.

   Algunas expresiones pueden ser literales. Por ejemplo, si en la tabla Empleados quiere saber cuántos empleados tienen el apellido *Valentin*, basta con agregar la expresión *"Valentin"*. Si decide aplicar un criterio de fecha, podría usar una expresión como *#24/12/2016#* para ver las ventas que se hicieron en navidad.

8. Cuando termine de agregar los campos para su consulta, en la ficha contextual **Herramientas de consultas**, en la ficha **Diseño**, dentro del grupo **Resultados**, clic en **Ejecutar**.

Crear Formularios

Ingresar un registro o dos a una tabla no está mal, pero ingresar docenas de registros rápidamente se convierte en una tarea que quizá quiera evitar. Sí, puede usar una tabla en la vista Hoja de datos para añadir más datos, aunque no es la manera más eficiente de hacerlo. Si lo prefiere, y le aseguro que así será, puede ahorrarse mucho tiempo y esfuerzo usando *formularios*.

Los formularios son objetos de la base de datos que pueden usarse para crear una interfaz de usuario proporcionando la manera más flexible para ver, añadir, editar y eliminar sus datos.

Puede empezar a crear un formulario desde el grupo **Formularios** en la ficha **Crear**. Cuando crea un formulario en Access este puede estar enlazado a un origen de datos, como una tabla o consulta, o también puede ser un formulario independiente. Por lo general, un formulario independiente tiene botones de comando -o cualquier otro control- que ayuda a que la aplicación sea útil para el usuario.

Figura 9. 27. Grupo Formularios.

Para crear un formulario enlazado a una Tabla o Consulta

1. Seleccione la tabla o consulta -desde el panel de navegación- que desea utilizar como el origen de un formulario.

2. Clic en la ficha **Crear**, y en el grupo **Formularios**, clic en el botón **Formulario**.

Figura 9. 28. Formulario enlazado a la tabla Empleados.

1. Clic en la ficha **Crear**, y en el grupo **Formularios**, clic en **Asistente para formularios**. Se abre el cuadro de diálogo **Asistente para formularios**.

2. En **Tablas/Consultas,** desde la lista desplegable, seleccione la tabla o consulta que usará para el formulario.

3. En **Campos disponibles**, seleccione los campos que usará en el formulario y clic en el botón con el signo **mayor (>)**.

   También puede hacer clic en el botón con doble signo **mayor (>>)** para pasar todos los campos hacia el área derecha.

4. Clic en **Siguiente**.

Figura 9. 29. Elegir la tabla o consulta que se usará en el formulario.

5. En este apartado se le pregunta elegir un método de distribución de los controles que desea aplicar al formulario. Puede elegir entre estas cuatro opciones:

   - **En columnas:** Los campos son organizados en columnas, y muestra un solo registro a la vez.

   - **Tabular:** Los campos son organizados en una tabla mostrando los nombres de los campos en la parte superior y los registros en filas.

   - **Hoja de Datos:** Los campos son organizados en un diseño de Hoja de datos.

- **Justificado:** Los campos son organizados a través y hacia abajo en el formulario mostrando los nombres de los campos encima de sus respectivos controles.

Figura 9. 30. Elegir el método de distribución de los controles.

6. Clic en **Siguiente**.

7. En el cuadro **¿Qué título desea aplicar al formulario?** Escriba un nombre para su formulario. Además, seleccione **Abrir el formulario para ver o introducir información** para ver cómo ha quedado en pantalla y usar el formulario, o **Modificar el diseño del formulario** para personalizar su formulario en la vista diseño.

Figura 9. 31. Aplicar un nombre para el formulario y elegir su visualización.

8. Clic en **Finalizar**.

Aunque el asistente para formularios es una buena manera de ayudarle a crear formularios útiles, en ciertos casos, podría no satisfacer sus necesidades. Por ejemplo, podría querer construir un formulario personalizado que refleje, tanto como sea posible, su equivalente a un formulario en papel. Si el formulario de Access cumple su función de utilidad y diseño, la persona que lo utiliza para el llenado de datos, podría sentirse más cómodo con este tipo de formulario y ser menos propenso a cometer errores.

Para un formulario de máxima flexibilidad, necesita usar la ventana de diseño de formulario. Esto le da control total sobre el formulario, incluyendo la posición de los controles, el formato del texto, los colores, y mucho más.

Figura 9. 32. Ventana Diseño del formulario.

Para acceder a la vista diseño ya sea creando un formulario desde cero o desde un formulario abierto, siga estos pasos:

Para abrir el formulario en la Vista Diseño

1. Clic derecho sobre el formulario en el panel de navegación.

2. Clic en **Vista Diseño**.

Para activar la Vista Diseño desde un formulario abierto

1. Realice alguna de estas acciones.

   - En la ficha **Inicio**, en el grupo **Vistas**, clic en la flecha del botón **Ver** y clic en **Vista Diseño**.

Figura 9. 33. Menú de opciones del botón desplegable Ver.

   - Clic derecho sobre la pestaña del formulario y clic en **Vista Diseño**.

Figura 9. 34. Menú contextual al hacer clic derecho sobre la pestaña del formulario abierto.

Para crear un Diseño de formulario

1. Clic en la ficha **Crear**, y en el grupo **Formularios**, clic sobre **Diseño del formulario**.

2. Desde el panel **Lista de campos**, clic sobre **Mostrar todas las tablas**.

3. Haz clic sobre el símbolo **Más** -a la izquierda del nombre de la tabla- y arrastre los campos necesarios hacia la sección **Detalle** de su hoja de diseño de formulario.

Figura 9. 35. Panel Lista de campos de un formulario en la vista Diseño.

4. Guarde su diseño de formulario.

Crear Informes

Los formularios son ideales para ver e imprimir datos para un único registro o un conjunto relacionado de registros, sin embargo, para imprimir grandes conjuntos de datos o resúmenes de datos no será la mejor opción.

Los informes presentan una vista personalizada de sus datos, estos pueden ser vistos en pantalla o ser impresos para proporcionar una copia física de su información. Cuando imprime los datos, puede comparar, resumir y obtener grandes conjuntos de datos y, a continuación, presentar la información en un atractivo diseño de impresión.

La forma más sencilla de empezar a crear un informe es enlazándola a una tabla o consulta. Basta con seleccionar la tabla o consulta desde el panel de navegación y luego hacer clic en el botón **Informe**. También puedes crear un informe mucho más profesional utilizando el **Asistente para Informes**. Este asistente lo guiará paso a paso durante la creación del informe. Por último, si es un usuario avanzado, puede usar un informe en blanco o uno a través de la vista diseño, ideal para personalizar todo el aspecto de su informe desde cero.

Figura 9. 36. Grupo Informes.

Para crear un informe enlazado a una tabla o usando el asistente para informes, siga estos pasos:

Para crear un informe enlazado a una Tabla o Consulta

1. Seleccione la tabla o consulta -desde el panel de navegación- que desea utilizar como el origen de su informe.

2. Clic en la ficha **Crear**, y en el grupo **Informes**, clic en el botón **Informe**.

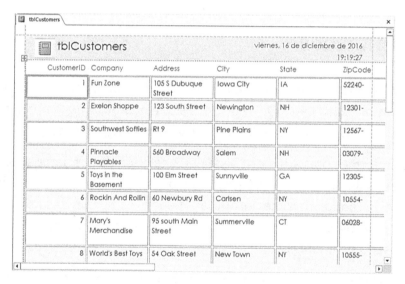

Figura 9. 37. Informe creado desde una tabla.

Para usar el Asistente para Informes

1. Clic en la ficha **Crear**, y en el grupo **Informes**, clic en **Asistente para informes**. Se abre el cuadro de diálogo **Asistente para informes**.

2. En **Tablas/Consultas,** desde la lista desplegable, seleccione la tabla o consulta que usará para el informe.

3. En **Campos disponibles**, seleccione los campos que usará en el informe y clic en el botón con el signo **mayor (>)**.

También puede hacer clic en el botón con doble signo **mayor (>>)** para pasar todos los campos hacia el área derecha.

Figura 9. 38. Elegir su tabla o consulta para su Informe.

4. Clic en **Siguiente**.

5. En este apartado se le pregunta si desea añadir un nivel de agrupamiento. Un nivel de agrupamiento es un campo que agrupa los registros del informe. Por ejemplo, si estás usando la tabla *Clientes* para preparar tu informe, puedes agrupar los registros por *Ciudad*, de esta manera es más fácil saber qué y cuántos clientes tiene en una determinada ciudad.

Seleccione el campo que servirá como agrupación y clic sobre el botón **>**.

Figura 9. 39. Elegir un nivel de agrupamiento.

El nivel de agrupamiento es opcional.

6. Clic en **Siguiente**.

7. En este apartado se le pregunta si desea tener un criterio de ordenación. Si decide ordenar, puede elegir hasta cuatro criterios. Seleccione el campo -desde la lista desplegable- que desea usar como criterio y clic en el botón de ordenación (Ascendente o Descendente).

Si existe un campo que pueda ser calculado, aparecerá el botón **Opciones de resume**n. Al hacer clic sobre este botón se abrirá el cuadro de diálogo **Opciones de resumen** donde podrás elegir si el campo podrá ser calculado mediante suma, promedio, valor mínimo o máximo. Además, puedes elegir otras opciones como:

- **Detalle y resumen:** Muestran los registros asociados con cada agrupación, así como el resumen de los cálculos por cada grupo.

- **Resumen solo:** Muestra solo el resumen de los cálculos por cada grupo.

- **Calcular el porcentaje del total por sumas:** Muestra el porcentaje del total de la suma que representa a cada grupo.

Figura 9. 40. Elegir un criterio de ordenación.

Figura 9. 41. Cuadro de diálogo Opciones de resumen.

8. Clic en **Siguiente**.

9. En este apartado, se le pide que elija un método de distribución y la orientación de la página de informe.

    Si ha elegido un nivel de agrupamiento (vea el **Paso 5** en este ejercicio) le aparecerán tres opciones de distribución: **En pasos**, **Bloque** y **Esquema**. Si no ha elegido un nivel de agrupamiento, aparecerán otras opciones de distribución: **En columnas**, **Tabular** y **Justificado**.

    Estas opciones de distribución organizan los campos y registros dentro de la página de informe. Se recomienda dejar activo la casilla **Ajustar el ancho del campo de forma que quepan todos los campos en una página** para evitar que se vea mal el informe.

    Por último, seleccione una orientación de papel, **Vertical** u **Horizontal**, que será la forma en cómo se mostrará e imprimirá el informe.

Figura 9. 42. Opciones de distribución y orientación si ha aplicado un nivel de agrupamiento.

Figura 9. 43. Opciones de distribución y orientación si no ha aplicado un nivel de agrupamiento.

10. Clic en **Siguiente**.

11. En el cuadro **¿Qué título desea aplicar al informe?** Escriba un nombre para su informe. Además, seleccione **Vista previa del informe** para ver cómo ha quedado en pantalla o **Modificar el diseño del informe** para personalizar su informe en la vista diseño.

Figura 9. 44. Aplicar un nombre al informe y elegir su visualización.

12. Clic en **Finalizar**.

Clientes2

Apellidos	Id	Nombre	
Alverca	10	Juan	
Dirección de correo electrónico	Cargo		Teléfono móvil
	Jefe de compras		
Ciudad	País o región		
Chicago	España		

Apellidos	Id	Nombre	
Benito	1	Almudena	
Dirección de correo electrónico	Cargo		Teléfono móvil
	Propietario		
Ciudad	País o región		
Seattle	España		

Apellidos	Id	Nombre	
Bermejo	2	Antonio	
Dirección de correo electrónico	Cargo		Teléfono móvil
	Propietario		
Ciudad	País o región		
Boston	España		

Figura 9. 45. Informe creado con el Asistente para Informes.

Aunque el asistente para informes es una buena forma de ayudarle a crear informes con un diseño destacado, en algunos casos, podría no satisfacer sus necesidades. Por ejemplo, podría querer construir un informe personalizado que refleje, tanto como sea posible, su equivalente a un informe en papel. Si el informe de Access se parece al informe en papel, la persona que lo utiliza para analizar o revisar los datos, podría sentirse más cómodo con este tipo de informe y le sea más fácil interpretar los datos.

Para una máxima flexibilidad, puede usar la vista Diseño de Informe. Esta vista le dará control total en todos los aspectos del informe, incluyendo la posición de los controles, el formato del texto, los colores, y mucho más. Si lo desea, puede usar la vista diseño para crear un informe desde cero o usar el asistente para informes para crear un informe básico y luego acceder a la vista diseño y realizar los ajustes necesarios.

Figura 9. 46. Ventana de Informe en la vista Diseño.

Para acceder a la vista diseño ya sea creando un informe desde cero o desde un informe abierto, siga estos pasos:

Para abrir el informe en la Vista Diseño

1. Clic derecho sobre el informe en el panel de navegación.

2. Clic en **Vista Diseño**.

Para activar la Vista Diseño desde un informe abierto

1. Realice alguna de estas acciones.

   • En la ficha **Inicio**, en el grupo **Vistas**, clic en la flecha del botón **Ver** y clic en **Vista Diseño**.

Figura 9. 47. Menú de opciones del botón desplegable Ver.

- Clic derecho sobre la pestaña del informe y clic en **Vista Diseño**.

Figura 9. 48. Menú contextual al hacer clic derecho sobre la pestaña del informe abierto.

- Si ha creado un informe desde el asistente para informes, clic sobre el botón **Cerrar vista previa de impresión**.

Figura 9. 49. Botón para cerrar la vista previa de impresión y activar la vista Diseño.

Para crear un Diseño de Informe

1. Clic en la ficha **Crear**, y en el grupo **Informes**, clic sobre **Diseño de informe**.

2. Desde el panel **Lista de campos**, clic sobre **Mostrar todas las tablas**.

3. Haz clic sobre el símbolo **Más** -a la izquierda del nombre de la tabla- y arrastre los campos necesarios hacia la sección **Detalle** de su hoja de diseño de informe.

Figura 9. 50. Panel Lista de campos de un Informe en la vista Diseño.

4. Guarde su diseño de informe.

Descargar Archivos de Práctica

Usted puede descargar los archivos de práctica a través del siguiente enlace:

https://goo.gl/sjU7qD

CPSIA information can be obtained
at www.ICGtesting.com
Printed in the USA
FSHW020606091118
53672FS